Sabine Seyffert

Heute schneit's im Gruppenraum

Sabine Seyffert ist staatlich anerkannte Erzieherin, Entspannungspädagogin, Psychologische Beraterin und Kinderbuchautorin. Sie ist freiberuflich tätig; in ihren Praxisräumen in Wuppertal führt sie Fortbildungsseminare für Pädagogen durch und bildet interessierte Fachkräfte zum „Entspannungspädagogen für Kinder“ aus. Außerdem bietet sie Entspannungs- und Kreativkurse für Kinder, Jugendliche und Erwachsene sowie Veranstaltungen zu ihren Büchern an.

Frühe Kindheit | Bewegung, Körperwahrnehmung & Gesundheit

Sabine Seyffert

Heute schneit's im Gruppenraum

Herbst-Winter-Ideen zum Bewegen und Entspannen

Cornelsen

Bei Fragen und Anregungen wenden Sie sich bitte an unsere Berater:
Marketing, 14328 Berlin, Cornelsen Service Center,
Servicetelefon 030 / 89 785 89 29

Weitere Informationen finden Sie im Internet unter:
www.cornelsen.de/fruehe-kindheit

Bibliografische Information: Die Deutsche Bibliothek verzeichnet diese Publikation in der Deutschen Nationalbibliografie; detaillierte bibliografische Daten sind im Internet über http://www.dnb.de abrufbar.

1. Auflage 2011

Lektorat: Christiane Emmert, München
Herstellung: Uwe Pahnke, Berlin
Satz: Markus Schmitz, Büro für typographische Dienstleistungen, Alternberge
Umschlaggestaltung: Claudia Adam Graphik Design, Darmstadt
Illustrationen: Dorothee Wolters, Köln
Druck und Bindung: CPI – Clausen & Bosse, Leck

Printed in Germany

ISBN 978-3-589-24736-3

Inhalt

Vorwort

Liebe Leserinnen und liebe Leser,

herzlich willkommen im Winterzauberland! Der Winter ist eine tolle Jahreszeit, die für Klein und Groß viel Spannendes bereit hält. Ein ganz besonderer Höhepunkt ist sicher das Weihnachtsfest, weil gerade die Adventszeit ganz viel Zauberhaftes mit sich bringt: Adventskalender, die täglich eine kleine Überraschung bereit halten, leuchtende Kinderaugen, warmes Kerzenlicht, liebevoll geschmückte Häuser, leckere Dinge aus der häuslichen Weihnachtsbäckerei und vieles andere mehr. Diese Zeit lieben Kinder ganz besonders. Aber oftmals trübt die weihnachtliche Hektik der Eltern die Stimmung. Es fehlt an Zeit für gemeinsame Aktionen, das Winterwetter lädt nicht gerade zum Rausgehen ein und auch die Kälte macht so manchen von uns zum Stubenhocker.

Damit Sie den Winter mit all seinen Gesichtern in vollen Zügen genießen können, und dies vor allem möglichst entspannt, sollten Sie dieses Buch mit seinen zahlreichen, sehr vielschichtigen Ideen gründlich durchstöbern. Hier geht es darum, die Winterzeit mit allem, was dazu gehört, in vollen Zügen und ganz abwechslungsreich zu erleben. In diesem Buch finden Sie

- tolle, ganz lebendige Mitmachgeschichten zum Bewegen und Entspannen, die ein gelungener Ausgleich sind und auch mal das Spielen im Freien ersetzen können, die die Kreativität und Fantasie der Kinder fördern und für Freude an Bewegung sorgen;
- bewegungsintensive, kreative Kindertänze, die nicht nur riesig Spaß machen, sondern für einen gesunden Bewegungsausgleich im winterlichen Alltag sorgen;

- wunderbar entspannende Massagen, die ausreichend Ruhe in den Winter bringen und Abwechslung bieten. Die kindgerechten Massagen sind zudem eine wunderbare Möglichkeit für ein harmonisches Miteinander;
- zauberhafte Fantasiereisen zum Entspannen, die alle kleinen (und auch großen) Zuhörer einladen, dem hektischen Alltag eine Weile zu entfliehen um neue Kraft zu tanken, sich fortzuträumen und wunderbare, kunterbunte Winterträume lebendig werden zu lassen;
- allerhand Ideen zum Gestalten und für gemeinsame Unternehmungen, die Klein und Groß viel Freude bereiten und dafür sorgen, dass man den Winter in seiner Schönheit und Pracht auch wirklich zusammen genießen kann.

Die jeweiligen Kapitel beginnen immer mit einer kleinen Einführung, in der Sie das Wichtigste auf einen Blick erfahren und einen Überblick zu den Spielen, Übungen und Aktionen erhalten.

Ich wünsche allen eine traumhaft schöne Winterzeit mit vielen Schneeflocken, winterlichem Weiß und natürlich einer lichterfüllten, harmonischen Weihnachtszeit.

Winterliche Grüße

Ihre *Sabine Seyffert*

Mitmachgeschichten zum Bewegen und Entspannen

Die sogenannten Mitmachgeschichten eignen sich ganz besonders für jüngere Kinder, Kinder die einen starken Bewegungsdrang haben sowie für all diejenigen, die bislang noch keine oder nur wenig Erfahrung mit Fantasiereisen haben. Diese Geschichten führen die Kinder auf ganz spielerische, ausgesprochen kreative Weise an die Entspannung heran: durch die gelenkte Bewegung, die zu guter Letzt in der Entspannung endet. Gerade die jüngeren Kinder sind oftmals nicht in der Lage, zehn Minuten oder länger einer richtigen Fantasiereise zu folgen und ganz ruhig dazuliegen. Hierbei ist die gelenkte Bewegung Mittel zum Zweck, die von den Kindern dankend und mit Freude umgesetzt und aufgenommen wird.

Man kann diese Mitmachgeschichten auch gut als Vorübung zu den eigentlichen Fantasiereisen nehmen, da die Kinder dadurch ihren natürlichen

Bewegungsdrang ausleben können. Alle Geschichten sollten frei erzählt und vom Spielleiter aktiv vorgemacht werden. Auf diese Weise braucht man keine endlosen, komplizierten Erklärungen, da die Kinder von der Spielleitung unmittelbar erfahren, wie die Bewegungen umgesetzt werden. Das freie Erzählen der Geschichten hat zudem den großen Vorteil, dass man ganz intensiv auf die jeweiligen Kinder eingehen kann und die Erzählungen eventuell auch verkürzen oder mit eigenen kreativen Ideen erweitern kann. So bleiben diese für die Kinder interessant, weil dieselbe Geschichte mit neuen Ideen gefüllt und fantasievoll verändert wird.

In der Regel sind die Mitmachgeschichten so konzipiert, dass keinerlei oder nur ganz einfaches, kostengünstiges Material nötig ist. So können diese Spielaktionen ganz schnell und ohne zeitaufwendige Vorbereitung umgesetzt werden. Das ist ein großer Vorteil.

Wer möchte, kann die jeweiligen Mitmachgeschichten mit ruhiger Instrumentalmusik untermalen, die den Kindern das Tempo angibt und sie zusätzlich inspiriert. Ob klassische oder meditative Musik – entscheidend dabei ist, das sie Ihnen und den Kindern gefällt und kein Gesang oder Text von den eigentlichen Geschichten ablenkt.

Ein Herbstblatt fällt zur Erde

Material

Keines. Wer mag, kann für die Übung natürlich bunte Herbstblätter nehmen, die die Geschichte lebendiger werden lassen.

Übungsanleitung

Stell dir vor, es ist ein schöner Tag.

Du bist ein buntes Blatt und wächst an einem wunderschönen alten Baum, dessen Baumkrone im Sonnenlicht leuchtet und glänzt.

Ganz sanft streicht der Wind durch die Baumkrone und wiegt dich dabei sacht hin und her, hin und her ...

Die Kinder stehen und bewegen dabei den Oberkörper langsam von der einen Seite zur anderen.

Langsam neigt sich der Herbst dem Ende zu, und der Wind, der dich streichelt, wird kräftiger.

Das Wiegen der Kinder wird zunehmend schneller.

Der Wind rüttelt an den Zweigen des Baumes und du wirst dabei kräftig durchgeschüttelt.

Die Kinder können nach Herzenslust einmal den gesamten Körper ausschütteln, das macht nicht nur Spaß, sondern löst auch Verspannungen.

Schließlich löst du dich wie viele andere Blätter von deinem Baum. Der Wind trägt dich durch die Luft und lässt dich umhersegeln ...

Die Kinder können sich langsam von ihrem Platz wegbewegen und im Raum herumtanzen, langsam und bedächtig. Dazu kann auch leise Musik eingespielt werden.

So fliegst du durch die Lüfte und genießt es, vom Wind getragen zu werden. Ganz vergnügt tanzt du umher und drehst dich im Kreis.

Die Kinder können frei im Raum herumtanzen, sich bewegen und drehen.

Langsam aber sicher näherst du dich dem Boden. Du suchst dir einen gemütlichen Platz zum Landen.

Jeder schaut sich im Raum um und sucht sich einen Platz für die Landung.

Ganz sanft gleitest du zu Boden und legst dich hin.

Die Kinder legen sich der Länge nach auf den Boden. Wer mag, kann dabei die Augen schließen.

Ganz ruhig und entspannt liegst du da. Du genießt die Ruhe um dich herum. Vollkommen entspannt liegst du auf dem weichen Waldboden. Ganz schwer fühlt sich dein Körper an. Schwer und wohlig warm ... Du kannst spüren, wie die Strahlen der untergehenden Sonne dich streicheln und angenehm wärmen ... Du nimmst die wohltuende Wärme in dir auf ... Das tut gut und gibt dir neue Kraft ...

Die Kinder können einen Moment liegen bleiben und die Entspannung genießen. Im Anschluss wird die Mitmachgeschichte durch das so genannte Zurücknehmen beendet:

Jetzt hast du genug neue Kraft gesammelt. Balle deine Hände zu festen Fäusten, recke und strecke dich. Wenn du magst, darfst du auch einmal Baum spielen und dich mit deiner Baumkrone bis in den Himmel hineinrecken. Schüttel all deine Äste kräftig aus!

Drachenspiel

Material

Krepppapier

Übungsanleitung

Jedes Kind bekommt ein paar Streifen buntes Krepppapier in jede Hand.

Heute wollen wir Drachen spielen. Sicher kennst du die bunten Flieger, die im Wind durch die Lüfte flattern und dabei ganz vergnügt sind!

Stell dir doch einmal vor, du bist ein selbst gebauter Drachen aus bunt leuchtendem Papier. Es ist ein schöner Tag und der Himmel ist strahlend blau. Keine Wolke ist zu sehen. So liegst du am Boden und das Kind, dem du gehörst, hat deine Drachenschnur fest in der Hand.

Die Kinder liegen am Boden und hören dem Text aufmerksam zu.

Dann geht es los! Das Kind lässt dich in den Himmel steigen ...

Alle stehen langsam auf, recken und strecken sich ganz hoch hinauf.

Du steigst immer höher und höher in den blauen Himmel. Dabei spürst du wie ein kleiner, frecher Wind, deinen bunten Drachenschwanz wirbeln lässt ...

Die Kinder können die bunten Krepppapierstreifen kräftig hin- und herbewegen, schütteln oder kreisen lassen.

Hey, das macht vielleicht Spaß! Du saust durch die Luft und freust dich.

Alle tanzen beschwingt im Raum herum, ohne einander anzustoßen. Dabei flattern die bunten Bänder munter mit.

Von oben sieht die Welt ganz anders aus. Und das Schönste daran ist, dass hier soviel Platz zum Fliegen ist. Man braucht nicht aufzupassen, dass man sich in den Ästen eines Baumes verheddert.

Die Kinder strecken die Arme zur Seite aus und lassen sich so durch den Raum gleiten.

Schau mal, dort hinten kommt eine weiße Wolke angeflogen. Genau richtig, um ein wenig zu verschnaufen. Du fliegst zu der Wolke hin und machst es dir auf ihr so richtig bequem ...

Jedes Kind sucht sich einen Platz im Raum und legt sich der Länge nach dorthin. ***Tipp:*** *Man kann weiße Tücher auslegen, auf denen die Kinder sich ausstrecken und die an Wolken erinnern.*

Ganz ruhig und entspannt liegst du nun da. Alles um dich herum ist ruhig und still. Du spürst in dir eine angenehme Schwere. Ganz schwer ist dein Körper vom vielen Fliegen in der Luft ... Und da bemerkst du die Sonne ganz in deiner Nähe. Sie zwinkert dir vergnügt zu und schickt ein paar besonders schöne Sonnenstrahlen zu dir auf die Wolke ... Ach, das tut vielleicht gut! Alles in dir ist warm, strömend warm ... Und die Sonnenstrahlen schaukeln deine Wolke sanft hin und her. Ganz ruhig und gleichmäßig. Genau so ruhig und regelmäßig fließt auch dein Atem ... Ruhig und gleichmäßig atmet es in dir und du bist vollkommen ruhig und entspannt ...

Die Kinder genießen die Ruhephase und versuchen sich das Erzählte vorzustellen. Das klappt am besten, wenn sie die Augen dabei schließen. Aber es sollte kein Kind dazu gezwungen werden. In der Regel tun die Kinder dies von ganz allein.

Schließlich ist es an der Zeit zur Erde zurückzukehren. Du streckst deinen Drachenschwanz und die bunten Schnüre hoch in die Luft, reckst und streckst dich kräftig ...

Die Kinder stehen langsam auf. Nach der Entspannung sollte der Körper mit all seinen Funktionen wieder geweckt werden. Dabei können die Kinder sich ausgiebig recken, strecken, die Fäuste ballen, um wieder munter zu werden.

Langsam rollt das Kind die Drachenschnur wieder auf und mit jeder Drehung sinkst du ein Stück zur Erde. Immer mehr und mehr ... bis du wohlbehalten unten angekommen bist.

Der müde Bär

Material

Pro Kind einige Kissen und Decken

Übungsanleitung

Stell dir doch einmal vor, du bist ein Bär, ein Bär mit kuscheligem, dicken Fell. Der Herbst neigt sich dem Ende zu und der Winter steht vor der Tür. Langsam ist es an der Zeit, sich auf den Winterschlaf vorzubereiten.

Doch vorher musst du erst noch etwas zu essen finden. Gemütlich spazierst du durch den Wald auf der Suche nach etwas Essbarem ...

Die Kinder gehen langsam und behäbig wie ein großer Bär im Raum umher.

Du kommst an einem Strauch vorbei und findest an ihm ein paar rote Beeren. Mit deinen Bärentatzen pflückst du sie vom Strauch. Mmh, die schmecken vielleicht gut!

Die Kinder bücken sich und „pflücken" hier und dort ein paar Beeren.

Dann trottest du weiter durch den Wald. Du hältst deine Bärennase in den Wind und schnupperst ...

Die Kinder atmen einige Male kräftig ein und aus.

Hm, wie gut das hier duftet! Es riecht nach Honig – lecker!

Die Kinder lecken sich mit der Zunge über die Lippen und machen ein erfreutes Gesicht.

In einem Baum ganz in der Nähe findest du süßen Honig. Mit deinen Bärentatzen nimmst du den Honig auf und schleckst ihn mit der Zunge ab.

Die Kinder machen mit der Zunge eine „schleckende" Bewegung.

Jetzt bist du satt und fühlst dich wohl – nur noch ein paar Sonnenstrahlen einfangen für den langen Winterschlaf. Du setzt dich auf einen Baumstamm und merkst, wie die Sonne deinen Bauch erwärmt.

Die Kinder streicheln sich in kreisförmigen Bewegungen den Bauch. Die Streichelbewegung wird im Uhrzeigersinn ausgeführt und entspannt so den Bauchraum.

Nun hast du genug Sonne getankt. Gemütlich und in aller Ruhe schlenderst du in deine Bärenhöhle.

Die Kinder gehen ganz gemütlich und in gemächlichem Schritt im Raum umher.

In der Höhle angekommen, kuschelst du dich in dein Bett aus weichem Moos und machst es dir ganz gemütlich.

Die Kinder machen sich aus den Kissen und Decken einen gemütlichen Schlafplatz.

So liegst du ganz eingekuschelt in deiner gemütlichen Bärenhöhle und bist vollkommen ruhig und entspannt ... Deine Arme und Beine sind schwer, ganz schwer ... Und die Sonnenstrahlen, die du eben auf deinem Spaziergang gespürt hast, halten dich warm und geborgen ... Du merkst, wie die wohltuende Wärme durch deine Arme und Beine hindurch gleitet ... Die Wärme tut dir gut ...

Und so schläfst du schließlich ein und träumst davon, wie der Frühling dich nach deinem langen Winterschlaf sanft weckt ...

Wenn die Kinder im Anschluss wieder fit und aufmerksam sein sollen, bitte die Geschichte durch das Zurücknehmen beenden: Die Kinder atmen tief ein und aus, ballen die Hände zu Fäusten, recken und strecken sich ausgiebig. Nur wenn die Kinder anschließend Mittagsruhe halten sollen, entfällt das Zurücknehmen.

Das fleißige Eichhörnchen

Material

Für jedes Kind mehrere Haselnüsse oder andere Früchte des Waldes wie Bucheckern oder Eicheln, die am Boden gerollt werden können

Übungsanleitung

Stell dir einfach mal vor, es ist ein schöner Tag, und die Sonne scheint hell und warm auf den Wald herab. Du bist ein kleines, braunes Eichhörnchen mit einem buschigen Schwanz und liegst in deiner Baumhöhle. Die Sonnenstrahlen wecken dich.

Die Kinder liegen auf dem Boden. Dann „wachen" sie auf, gähnen, recken und strecken sich.

„So ein schöner Tag", denkst du und springst munter aus deiner Baumhöhle heraus.

Die Kinder stehen auf, hüpfen und klettern den „Baum" hinunter.

„Genau richtig, um Vorräte für den langen Winter zu suchen", denkst du und machst dich auf den Weg. Du springst mal hier- und mal dorthin ...

Eichhörnchen können ausgesprochen gut springen. So hüpfen die Kinder mit angedeuteten Riesensprüngen durch den Raum.

Dabei schaust du dich suchend nach etwas Essbarem um.

Während die Kinder springen, schauen sie sich im Raum suchend um.

Dort hinten liegen ein paar Eicheln ... Und da, hinter dem dicken Baumstamm liegen auch ein paar Bucheckern ... Sogar einen Haselnussstrauch entdeckst du und freust dich!

Die Kinder laufen in die Raumecken und sammeln ihren „Vorrat" zusammen.

„So viele leckere Sachen", denkst du und bestaunst deinen Vorrat. Die Haselnüsse sehen besonders köstlich aus. Vorsichtig stupst du eine der Nüsse an ... Es sieht lustig aus, wie sie über den Waldboden kullert. Da entdeckst du ein anderes Eichhörnchen. „Komm, wir spielen!“, ruft es dir fröhlich zu und gemeinsam pustet ihr die Nüsse vor euch her ...

Jedes Kind bekommt eine Nuss aus dem Vorrat, eine Eichel, Kastanie o. ä. und darf diese vor sich herpusten. Wie viel Atem haben die kleinen Spieler? Und wer schafft es, die Nuss durch einen kleinen „Parcours“ zu pusten?

Nachdem du eine ganze Weile vergnügt gespielt hast, wird es Zeit, den Vorrat in dein Versteck zu bringen. Nuss für Nuss, Buchecker für Buchecker und Eichel für Eichel trägst du alles zwischen deinen Pfoten dorthin. Puh, das ist ganz schön anstrengend!

Die Kinder dürfen die Nüsse in ein Versteck im Raum bringen.

So, geschafft! Du bist ganz schön aus der Puste. Müde kletterst du den großen Baum hinauf, in deine gemütliche Baumhöhle.

Pantomimisch stellen die Kinder das Klettern auf einen hohen Baum dar.

Oben angekommen, machst du es dir in deinem Baumhaus ganz gemütlich. Du kuschelst dich tief in dein warmes Nest ...

Die Kinder suchen sich einen Platz im Raum und legen sich dorthin.

Ganz ruhig und völlig entspannt bist du nun. Du liegst da und genießt die Ruhe im abendlichen Wald. Aus einiger Entfernung hörst du den leisen Gesang der Vögel, die ihr Abendlied anstimmen ... Dein Körper fühlt sich schwer an. Ganz schwer sind deine Arme und Beine vom langen Toben und Springen durch den Wald ... Die warmen Strahlen der untergehenden Sonne wärmen dich. Du spürst die angenehme Wärme und fühlt sich rundum geborgen und wohl ... Vollkommen entspannt schläfst du schließlich ein ...

Während der Übungsanleitung stellen sich die Kinder das Gesagte vor und entspannen dabei. Wer möchte, kann dabei die Augen schließen, um noch tiefer entspannen zu können.

Nach einigen Minuten wird die Mitmachgeschichte durch das Zurücknehmen abgeschlossen. Die Kinder werden aufgefordert kräftig ein- und auszuatmen, sich zu rekeln und zu strecken, die Beine und Arme auszuschütteln, bis sie sich wieder ganz wach und voller Kraft fühlen.

Es schneit zur Winterzeit

Material

Pro Kind ein kleineres Kissen

Übungsanleitung

Magst du den Winter auch so gerne wie ich? Dann stell dir doch mal vor, es ist ein schöner Wintertag. Du sitzt in deinem Kinderzimmer und schaust aus dem Fenster. Am Himmel ziehen viele weiße Wolken vorbei. Da, schau mal! Es fängt tatsächlich an zu schneien – hurra!

Schnell in die dicken Stiefel geschlüpft ... Den warmen Mantel übergezogen ... Schal und Handschuhe an ... Und zum Schluss die dicke Pudelmütze ...

Die Kinder sitzen erst am Boden, springen dann freudig auf. Pantomimisch führen sie die Anzieh-Bewegungen für die Sachen aus, die angezogen werden. Sicher haben die Kinder noch eigene Ideen, was sie anziehen möchten? Das kann ganz spielerisch mit eingebaut werden, denn umso lebendiger und abwechslungsreicher wird die Geschichte.

Fertig angezogen? Dann nichts wie raus in den Schnee! Fröhlich springst du die Treppenstufen hinunter.

Die Kinder laufen und hüpfen kräftig auf der Stelle. Dabei dürfen sie ruhig ein wenig aus der Puste kommen.

Ach, ist das schön hier draußen! Du rennst durch den Schnee und spürst die Schneeflocken, die immerzu vom winterlichen Himmel fallen.

Die Kinder flitzen im Raum umher, jedoch ohne sich dabei anzurempeln.

Vergnügt springst du durch die winterlich weiße Landschaft und versucht ein paar Schneeflocken zu fangen. Das ist gar nicht so einfach ...

Die Kinder dürfen, während sie sich im Raum umherbewegen, springen und nach oben greifen, um die imaginären Schneeflocken aufzufangen.

Weißt du, was besonders viel Spaß macht? Wenn man auf dem Schnee gleiten und rutschen kann. Du schlitterst fröhlich auf dem Schnee umher.

Die Kinder gehen leicht in die Hocke und reiben sich mit den Handinnenflächen kräftig und schneller werdend die Oberschenkel.

Hey, das macht vielleicht Spaß. Da kommen deine Freunde auch schon um die Ecke geflitzt. Sie haben Schlitten dabei. Los geht's auf die Rodelbahn. Du nimmst auf dem Schlitten Platz und ab geht die Fahrt, den Berg runter.

Die Kinder setzen sich auf ein Kissen und rutschen damit am Boden entlang. Wer mag, kann damit auch ein kleines Schlittenrennen veranstalten. Dann starten alle Mitspieler in einer Zimmerecke und rutschen mit dem Kissen zur gegenüberliegenden Wand.

Unten angekommen, zieht ihr den Schlitten schnell wieder den Berg hoch. Ganz schön anstrengend, den Berg hochzukraxeln.

Die Kinder machen „Riesen"-Schritte den Berg hinauf und schnaufen dabei vor Anstrengung.

Und wieder geht's den Berg hinunter – hui, ganz geschwind sausen die Schlitten wieder den Hügel hinunter.

Die Kinder rutschen wieder auf den Kissen im Raum umher. Wer hat eine Idee, wie man noch Schlitten fahren kann? Vielleicht auf dem Bauch, so kann man sich mit den Armen abstoßen und vorwärtsbewegen?

Im Nu ist der Nachmittag auch schon um. Müde trottest du nach Hause, ziehst deine warmen Sachen aus und kuschelst dich aufs Sofa ...

Die Kinder suchen sich einen Platz im Raum und legen sich dort gemütlich hin.

Du trinkst zum Aufwärmen einen warmen Kakao. Das tut gut ... Ganz ruhig und entspannt liegst du auf dem Sofa. Du kannst die Schwere in deinen Armen und Beinen spüren ... Ganz deutlich nimmst du die Schwere in deinen Armen und Beinen wahr ... Du erinnerst dich dabei an die Schlittenfahrt. Als du den Schlitten den Berg hinaufgezogen hast, waren deine Arme und Beine auch ganz schön schwer ... Dann spürst du die Wärme in dir ... Der warme Kakao hat dir gut getan. Du spürst die Wärme in deinem ganzen Körper. Besonders gut kannst du sie in deinem Bauch spüren ...

Die Kinder können die beiden Handinnenflächen fest und schnell aneinanderreiben. Dann legen sie sich die warmen Hände auf den Bauch.

Du genießt die Wärme in dir und bist ganz tief entspannt ...

Nachdem die Kinder die Entspannung eine Zeit lang genossen haben, wird die Geschichte durch das Zurücknehmen beendet. Die Kinder atmen bewusst ein und aus, ballen die Hände ein paar Mal zu festen Fäusten, recken sich und strecken die Arme, lockern die Schultern aus – bis sich jeder wieder fit und voller Energie fühlt.

Der fleißige Weihnachtsmann

Material

Ein Kissen und eine Decke pro Kind; eventuell ein Schellenkranz oder kleine Glöckchen, um das Schlittengeräusch oder das Glockengebimmel nachzuahmen

Übungsanleitung

Stell dir doch mal vor, du bist der Weihnachtsmann.

Der gute, alte Weihnachtsmann, der wie jedes Jahr im Dezember alle Kinder auf Erden glücklich macht und kleine Geschenke verteilt. Die letzten Monate hast du in deiner Werkstatt gehämmert, gesägt, gewerkelt und gebastelt, um lauter kleine Geschenke für die Menschenkinder fertig zu machen. Nun ist es endlich so weit. Du schlüpfst in deinen warmen roten Mantel, ziehst dir die Kapuze über und schlüpfst in die dicken Handschuhe, die mit Fell gefüttert sind.

Die Kinder stellen das Anziehen der Kleidung pantomimisch dar.

Fertig ? Na, dann nichts wie los zum Stall. Dort warten schon die Rentiere, die wie jedes Jahr den schweren Schlitten mit den vielen bunten Päckchen ziehen. Zur Begrüßung klopfst du den Tieren liebevoll auf Hals und Rücken, denn das haben sie so gerne.

Die Kinder klopfen mit den offenen Händen ihren eigenen Körper ab. Von den Schultern angefangen die beiden Arme hinunter und die Beine bis zu den Füßen hinab. Das „Klopfen“ massiert, entspannt und bringt wohltuende Wärme mit sich.

Dann legst du den Tieren eine warme Decke auf den Rücken, damit auch sie nicht frieren.

Die Kinder können sich gegenseitig den Körper „ausstreichen“. Dazu stellen sie sich hintereinander und das hintere Kind streicht dem anderen Kind vom Hinterkopf angefangen über die Schultern bis zu den Füßen den Körper aus. Dies kann ruhig mit Druck geschehen und wird von den Kinder als sehr angenehm empfunden.

Nun kann es los gehen. Der Schlitten setzt sich in Bewegung. Leise bimmeln dabei die vielen goldenen Glöckchen, die am Zaumzeug der Rentiere baumeln.

Die Kinder können sich in einer Reihe hintereinander aufstellen. Jeder fasst den Vordermann an den Schultern und gemeinsam läuft dieser „Schlittenzug“ nun durch den gesamten Raum.

Die Nacht ist sternenklar und so fahrt ihr von Haus zu Haus und ladet die kleinen Päckchen ab.

Jedes Kind läuft nun einzeln durch den Raum und bückt sich hier und da, um die „Geschenke“ zu verteilen.

Schließlich ist die Nacht fast vorbei und alle Arbeit getan. Müde und glücklich fährt der Weihnachtsmann nach Hause zurück. Zu Hause angekommen, bringt er Schlitten und Tiere in den Stall. Die Rentiere sind verschwitzt und müssen trocken gerieben werden.

Die Kinder reiben sich kräftig mit den Händen am ganzen Körper ab.

Nun aber nichts wie ins Bett. Müde zieht sich der Weihnachtsmann die schweren Stiefel aus, hängt den Mantel auf den Kleiderhaken und schlüpft ins warme, kuschelige Bett ...

Die Kinder suchen sich einen Platz am Boden und machen es sich dort gemütlich.

Ganz ruhig und entspannt liegst du in deinem Bett. Du spürst die angenehme Schwere in deinen Armen und Beinen, denn die heutige Nacht war anstrengend. Ganz schwer und entspannt liegst du im Bett. Die Decke wärmt dich ganz angenehm. Du spürst die wohltuende Wärme in deinem ganzen Körper. Spüre mal, wie die Wärme durch deine Arme und Beine hindurchströmt ... Alles in dir ist warm, wohlig warm ...

Und nun schlaf gut, lieber Weihnachtsmann, und mach's gut bis zum nächsten Jahr ...

Geben Sie den Kindern einen Moment Zeit, die Entspannung zu genießen. Nach einigen Minuten, wenn die Kinder unruhig werden, können Sie die Geschichte wie gewohnt durch das Zurücknehmen beenden. Dabei atmen die Kinder kräftig ein und aus, ballen die Hände mehrfach zu festen Fäusten, recken und strecken sich, bis sich jeder wieder fit und ausgeruht fühlt.

Ein Schneeglöckchen wächst

Material

Pro Kind ein paar Tücher oder Decken

Übungsanleitung

Stell dir doch mal vor, du liegst ganz warm und geborgen in der Erde. Die Erde hält dich sicher und geschützt während des Winters ...

Die Kinder liegen unter ausgebreiteten Tüchern oder Decken und träumen eine Weile vor sich hin.

Dann spürst du, wie die Kraft des Winters allmählich verblasst und die Strahlen der Sonne stärker werden. Die Erde um dich lockert sich und dein Winterschlaf ist zu Ende. Höchste Zeit zum Aufstehen! Noch etwas müde reibst du dir den Schlaf aus den Augen ...

Die Kinder reiben sich ihre Augen, wer mag, kann herzhaft gähnen.

Je kräftiger die Sonne mit ihren vielen Strahlen die Erde erwärmt, desto mehr Licht ist um dich herum. Und mit jedem Sonnenstrahl, der dich vorsichtig kitzelt, wirst du wacher ...

Die Spielleitung geht leise von Kind zu Kind und kitzelt es sanft oder streichelt zart über den Rücken oder Kopf.

Ach, das tut gut und die Sonne gibt dir Kraft zu wachsen ...

Die Kinder atmen tief ein und aus, um neue Kraft zu schöpfen.

Langsam streckst du deine Knospe aus der Erde. Ganz vorsichtig, um zu sehen, wie die Wiese aussieht, auf der du wächst.

Die Kinder suchen sich mit ihrem Kopf einen Weg durch die Tücher.

Noch scheint alles um dich herum wie eine Winterlandschaft. Du streckst deine Knospe immer höher hinaus, der Sonne entgegen, denn das warme, klare Licht der Sonnenstrahlen schenkt dir Energie zum Wachsen ...

Die Spielleitung reibt die Hände kräftig aneinander und legt die erwärmten Hände nacheinander jedem Kind kurz auf die Schultern, das entspannt.

Immer höher und wächst deine Knospe und deine Blätter erstrahlen in saftigem Grün. Du spürst die Kraft in dir und stehst stolz auf der Wiese.

Die Kinder stehen nun erhobenen „Hauptes“ da und schauen sich dabei um.

Du bist neugierig und reckst dein weißes Blütenköpfchen hoch nach oben, um noch mehr von deiner Umgebung anzuschauen.

Die Kinder hüpfen hoch und drehen den Kopf in alle Richtungen.

Dein Weg aus der Erde war ganz schön anstrengend! Auch wenn du den Tag sehr genossen hast, so bist du doch froh, als er sich dem Ende zuneigt und du dich ausruhen kannst. Überglücklich schließt du deine Knospe und bettest dich auf die von der Sonne erwärmte Erde.

Die Kinder schlingen ihre Arme um sich und kuscheln sich nun auf die Decken oder Tücher am Boden.

Du schließt deine Augen und bist mit einem Mal ganz ruhig und entspannt ... Die Nacht bringt beruhigende Stille mit sich, die für neue Kraft sorgt. Du liegst schwer, ganz schwer auf der warmen Erde ... Du spürst die angenehme Schwere tief in dir ... Die Wärme der Sonne kannst du deutlich spüren, auch wenn die Sonne nun nicht mehr scheint ... Du hast beim Wachsen so viele Sonnenstrahlen gesammelt, dass sie dich immer noch ganz wohlig warm halten ... Und die Nachtluft schaukelt dich ganz sanft hin und her ... Hin und her ... Schlaf gut, kleines Schneeglöckchen, und träum was Schönes ...

Die Kinder liegen dabei bequem auf den Decken und dürfen die Augen schließen, um tief in die Entspannung zu gelangen. Je nachdem, wie sehr sie die Entspannung genießen, kann man ihnen ausreichend Zeit geben. Nach Ende der Entspannungsphase wird die Mitmachgeschichte wie gewohnt durch das Zurücknehmen beendet (Ein- und Ausatmen, Fäuste ballen, sich ausgiebig recken und strecken).

Kreative Tanzideen, die Spaß machen

Kinder bewegen sich für ihr Leben gerne. Ganz besonderen Spaß macht es zu tanzen. Das macht gute Laune, befreit und man fühlt sich beschwingt.

Die kreativen Tanzideen aus diesem Kapitel sollen den Kindern Impulse und Ideen geben. Wie diese jedoch umgesetzt werden, bleibt der Fantasie der kleinen Tänzer überlassen. Auf diese Weise bekommen die Kinder ausreichend Bewegung, die ihnen gut tut und Ausgleich schafft, aber dennoch werden sie nicht zu sehr eingeengt, sondern können eigene Vorstellungen und Ideen einbringen.

Wenn die Kinder noch recht klein und unerfahren mit Tanzspielen dieser Art sind, werden Sie merken, dass Sie als Spielleitung mehr Anleitung geben müssen. Die Kinder schaffen es manchmal nicht, ein ganzes Lied in Bewegung zu bleiben, weil ihnen die Ideen ausgehen. Je mehr Erfahrungen Kinder mit dem Tanzen haben, desto freudiger und kreativer gehen sie ans

Werk. Da reicht es oftmals vollkommen aus, den Kindern vor Tanzbeginn eine Idee mit auf den Weg zu geben und zu sagen, was sie sich vorstellen sollen, während die Musik spielt.

Wünschenswert ist es, dass Sie als Spielleiter mittanzen. Auch beim Tanzen werden Sie die Kinder im Blick haben und können hier und da Hilfestellung geben. Diese ist aber meist nicht nötig, wenn Sie aktiv mit dabei sind, da die Kinder von Ihnen Bewegungsabläufe abschauen, sie dann selbst umsetzen und dadurch auch wieder neue, eigene Ideen zum Tanzen bekommen.

Natürlich können Sie auch jederzeit kleinere Tipps oder Anleitungen mit in den Tanz einbauen oder hier und da auch Ideen der Kinder mit aufgreifen. Das macht die Tänze noch lebendiger.

Wichtig ist natürlich, dass der Raum genug Platz für alle Kinder bietet, so dass diese sich frei bewegen können. Ebenso brauchen Sie einen Rekorder oder CD-Spieler und Musik, zu der die Kinder tanzen können.

Die Tanzideen lassen sich allesamt ohne jedes Material durchführen, so dass die Kinder lediglich auf ihre Fantasie und die eigene Kreativität zurückgreifen müssen. Dennoch setze ich manchmal einfache Materialien und Hilfsmittel ein. Diese sind bei den jeweiligen Tänzen immer mit angegeben. Hier und da macht es damit einfach mehr Spaß und die Materialien unterstreichen die Tänze auf lebendige Art und Weise. Dennoch sind diese Angaben nur als Anregungen zu verstehen. Sie können jederzeit auch mit ähnlichen Hilfsmitteln arbeiten oder diese nach eigenen Vorstellungen verändern und variieren. Scheuen Sie sich nicht und lassen Sie Ihrer Fantasie freien Lauf.

Genaue Angaben zur Musik mache ich in den Tanzanleitungen bewusst nicht, da gerade dies reine Geschmackssache ist. Viel wichtiger ist es, dass Sie sich Musikstücke und Lieder aussuchen, die Ihnen gut gefallen und auch zu der Tanzidee passen und diese vom Tempo her unterstreichen.

Am besten eignen sich instrumentale Musikstücke, die genug Freiraum für das Tanzen lassen. Natürlich kann man auch Lieder mit Gesang auswählen und dann den Liedtext als Übungsanleitung nehmen. Das ist besonders bei jüngeren Kindern beliebt, die ihre allerersten Erfahrungen mit Tänzen sammeln.

Ganz, ganz eilig

Material

Keines. Als Musikbegleitung sollte man ein schnelles, sehr lebhaftes Musikstück verwenden.

Tanzanleitung

Warst du in der Vorweihnachtszeit schon mal in der Stadt? Dann weißt du sicher, dass viele Leute es dann furchtbar eilig haben und gestresst sind. Wie der Wirbelwind jagen sie dann durch die Einkaufspassage und gucken weder rechts noch links ...

Während die Musik läuft, darfst du dir vorstellen, es selbst einmal ganz, ganz eilig zu haben. Gehetzt und schnell läufst du kreuz und quer durch den Raum, ohne Pausen zu machen ...

Na, wie hast du dich dabei gefühlt? Auf Dauer ist es ganz schon anstrengend, so in Eile zu sein und Stress zu haben! Wie wäre es im Anschluss mit etwas ruhiger Musik? Dann kannst du dir nochmals vorstellen, durch die weihnachtlich geschmückte Innenstadt zu gehen, aber alle Zeit der Welt zu haben. So, dass du in aller Ruhe die festlich geschmückten Schaufenster bestaunen kannst.

Sonnenstrahlensammeln

Tanzanleitung

Wenn der Winter naht, werden die Tage kürzer und die Sonne lässt sich leider nicht mehr so oft blicken. Vor allen Dingen ist die Sonne im Winter nicht mehr so wohltuend warm. Deshalb wollen wir heute ein paar „Sonnenstrahlen“ sammeln ...

Es dürfen sich nun zu der Musik alle im Raum bewegen und während des Tanzens die Hände aneinanderreiben. Wenn die Hände schön warm sind, kann sich jeder seine warmen Hände auf unterschiedliche Körperstellen (Schulter, Arme, Bauch, Beine etc.) legen. Wo tut die Wärme besonders gut?

Tipp:

Hierfür sollte fröhliche Musik gewählt werden, die aber nicht allzu schnell ist und die den Kindern Zeit gibt, sich auf die wohltuende Wärme einzulassen, diese richtig zu genießen.

Wenn mehrere Kinder mitspielen und sie sich kennen und mögen, können die Kinder sich während des Tanzens auch gegenseitig die warmen Hände auflegen.

Was willst du mir erzählen?

Tanzanleitung

Für dieses Tanzspiel sollten die Kinder zu zweit zusammengehen.

Kennst du das auch? Du möchtest etwas Schönes erzählen, aber die anderen haben keine rechte Zeit zum Zuhören. Gerade in der Vorweihnachtszeit geht es besonders turbulent und hektisch zu. Dieses lustige Tanzspiel schenkt Zeit zum Zuhören, denn nur so kann dein Mitspieler mitmachen!

Stell euch immer zu zweit zusammen. Der Jüngere von euch beiden fängt an und beginnt zu „erzählen". Dabei macht er eine bestimmte Bewegung (in die Hocke gehen, winken, sich drehen, hüpfen, sich verbeugen etc.) vor. Dein Gegenüber „hört" dir ganz genau zu. Wenn du fertig bist, macht er die Bewegung nach. Und das klappt natürlich nur, wenn er sich genug Zeit zum „Zuhören" genommen hat.

Tipp:
Wenn Sie im Hintergrund ruhige Instrumentalmusik einspielen, hilft das den Kindern. So wird das Tempo nicht zu schnell.

Spielvarianten

Spiegelbild

Einfacher ist es, wenn immer zwei Kinder Spiegelbild spielen. Ein Kind beginnt und bewegt sich und sein „Gegenüber" macht die Bewegungen zeitgleich wie ein Spiegelbild nach. Das fällt jüngeren Kindern im Kindergartenalter sicher noch leichter, als die Tanzbewegungen versetzt zu machen.

Spiegelbild für die ganz Kleinen

Natürlich können auch die Kleinsten schon als Spiegelbild zur Musik tanzen. Das klappt am besten, wenn sich die Kinder, die sich gegenüberstehen, an den Händen fassen oder zumindest die Handflächen aneinanderlegen. So verliert der „Spielpartner“ den Anschluss nicht, weil die Hände auf diese Weise zusammenbleiben und sicherer führen können.

Nimm mich mit!

Die dritte Spielvariante ist für tanzgeübte Kinder. Es tanzen auch hier immer zwei Kinder gemeinsam. Dabei tanzen die beiden Hand in Hand durch den gesamten Raum und beziehen diesen mit in den Tanz ein. Das macht großen Spaß, setzt aber voraus, dass die Kinder schon Erfahrungen mit kreativen Tänzen gemacht haben und sich nicht mehr so sehr auf die jeweiligen Bewegungen konzentrieren müssen.

Tipp:

Die Kinder sollten erst einmal mit einfachen, kurzen Bewegungen beginnen und diese langsam steigern, wenn der Spielpartner gut mitkommt. Natürlich darf der „Vortänzer“ auch etwas mithelfen, falls er mehrere Bewegungen gemacht hat und der Nachahmer sich nicht alles merken konnte.

Wichtig: bei dieser Art Übung sollte man als Spielleitung genug Zeit einplanen, so dass die Kinder ihre Rollen tauschen können und auch der andere einmal vormachen darf.

Ganz spannend und aufschlussreich ist es auch mit den Kindern im Anschluss daran ein gemeinsames Gespräch zu führen. Fiel es den Kindern leicht, ihr „Gegenüber“ ausreden zu lassen? War es leichter zu „erzählen“ und Bewegungen vorzumachen oder sie nachzuahmen?

Das Schöne an dieser Spielidee: Die stilleren, zurückhaltenderen Kinder merken, dass es auch mal Spaß macht „den Ton anzugeben“ und die aufgeweckten Kinder lernen dabei zurückzustecken, zuzuhören und still zu beobachten.

Laternentanz

Material

Für jedes Kind eine Laterne

Tanzanleitung

Die Kinder stehen mit ihren Laternen im Kreis. Dann blenden Sie als Spielleitung ruhige Instrumentalmusik ein. Nun können Sie Ihrer Fantasie freien Lauf lassen. Ob Sie als lange „Laternenschlange“ hintereinander durch den Raum schlängeln, sich im Kreis bewegen, dann gemeinsam auf die Kreismitte zu und wieder zurück oder sich jeder auf der Kreislinie drehend mit seiner Laterne bewegt – alles ist erlaubt. Es sollte nur wirklich recht ruhig und gemächlich ablaufen, damit eine behagliche Stimmung aufkommt und zudem die Laternen heil bleiben.

Vielleicht haben die Kinder beim Tanzen noch eigene Ideen, die man mit aufgreifen und in den Tanz einbauen kann?

Spielvariante

Wenn Sie nicht so viel Platz haben oder nicht für jedes Kind eine Laterne mit Stab vorrätig ist, können Sie einen solchen Laternentanz auch in eine Art Lichtertanz umwandeln. Lassen Sie die Kinder einfach saubere, alte Marmeladengläser mit buntem Seiden- oder Transparentpapier bekleben und mit einem Teelicht bestücken. Auch schlichtes weißes Transparentpapier geht wunderbar, wenn man vorab bunte Streusternchen oder Ähnliches darauf klebt. Jedes Kind hält beim Tanzen dann sein Windlicht mit der brennenden Kerze vor sich. Die Windlichter können im Anschluss auch noch als netter Blickfang für Fensterbank oder Tisch dienen und sind so jederzeit für einen neuen Tanz griffbereit.

Tipp:
Am stimmungsvollsten ist der Laternentanz im abgedunkelten Raum, damit die Laternen richtig zur Geltung kommen. Natürlich kann man einen solchen Tanz auch im Rahmen eines Laternenumzugs draußen tanzen.

Schneeflockentanz

Material

Für jedes Kind ein kleiner weißer Wattebausch; ruhige Musik

Tanzanleitung

Musik wird leise eingespielt.

Stell dir mal vor, es ist Winter. Der Himmel ist wolkenverhangen und die dicken, weißen Schneewolken ziehen ihres Weges ... Da kommt von oben eine kleine Schneeflocke zu dir herabgesegelt ...

Die Spielleitung geht von Kind zu Kind und lässt über jedem Mitspieler von oben einen Wattebausch fallen.

Fröhlich fängst du deine Schneeflocke auf und tanzt mit ihr umher.

Die Kinder können sich im ganzen Raum frei zu der Musik bewegen

Du spielst Wind und lässt die kleine Schneeflocke in der Luft wirbeln und tanzen!

Die Kinder können nun ihren Wattebausch hoch in die Luft pusten, versuchen ihn in eine bestimmte Richtung zu treiben o. ä. Daher sollte das Wattestück auch nicht allzu groß sein. Am besten probieren Sie dies vorab selbst aus!

Die Schneeflocke möchte mit dir Fangen spielen. Wirf sie hoch in den winterlichen Himmel und schau, wo sie landet. Aber pass auf, dass du sie rechtzeitig wieder auffängst, bevor sie auf den Boden fällt. Gelingt dir das?

Die Kinder werfen ihre Watte nach oben und versuchen diese immer wieder aufzufangen. Vielleicht haben sie Lust, ihre kleinen „Schneeflocken" mit verschiedenen Körperteilen zu fangen? Mit dem Arm, der Hand, dem hochgezogenen Knie, dem Fuß – wer schafft es? Greifen Sie die Ideen der Kinder während des Tanzes mit auf, um so lebendiger und interessanter wird diese Tanzeinheit.

Puh, du kommst richtig aus der Puste. Das Spielen und Tanzen mit der Schneeflocke ist auf Dauer ganz schön anstrengend! Du schaust dich um und suchst einen Platz, an dem die Schneeflocke landen kann.

Die Kinder gehen langsam im Raum umher und suchen sich einen Platz für die Schneeflocken.

Auch du suchst dir einen gemütlichen Platz und legst dich hin.

Die Kinder legen sich der Länge nach auf den Boden.

Ganz ruhig und entspannt liegst du da und schließt die Augen. Du träumst den Traum der weißen Schneeflocken, die durch die Winterlandschaft wandern ...

Tipp:

Diese Tanzeinheit kann man gut dazu nutzen, um die Kinder zur Ruhe zu führen. Im Anschluss könnte man eine Entspannungsgeschichte anfügen. In dem Fall können vorab im Raum Kissen und Decken (oder Matten) verteilt werden, auf die die Kinder sich legen. Das ist gemütlicher, wenn man längere Zeit entspannen möchte.

Übungen mit dem Atem, wie auch in diesen Tanz eingebaut, helfen den Kindern bewusst zu atmen und neuen Sauerstoff aufzunehmen. Um dies auch wirklich zu gewährleisten, sollte der Raum vorher gut gelüftet werden.

Durch das bewusste Atmen werden die Kinder ganz aufmerksam und können im Anschluss konzentriert arbeiten und sich auf eine bestimmte Aufgabe konzentrieren.

Spielvariante

Was Kindern besonders Spaß macht, ist mit dem Atem zu „malen". Wie das geht? Ganz einfach: Verdünnen Sie weiße Abtönfarbe mit Wasser, so dass sich diese auf einem Stück bunten Tonkarton gut verteilen lässt und etwas zerfließt. Jedes Kind bekommt einen oder mehrere weiße Farbkleckse auf sein buntes Blatt. Dann darf es nach Herzenslust, aber nur mit Hilfe seines Atems versuchen, aus den weißen Klecksen tolle Eiskristalle und -muster auf sein Blatt zu pusten.

Eins, zwei, drei – der Winter ist vorbei!

Tanzanleitung

Weißt du, was passiert, wenn der Winter vorbei ist?

Genau, der Frühling erweckt alles zum Leben! Er lockt die Blumen mit seinen Sonnenstrahlen aus der Erde heraus ... Lässt die Knospen und Blätter an den Bäumen wachsen und sprießen ... Weckt den lieben, alten Bären aus seinem Winterschlaf ... und macht auch dich wieder wach und munter!

Wenn du nun tanzt, stell dir vor, du wirst vom Frühling geweckt. Langsam stehst du auf und schüttelst alle Müdigkeit von dir ... Reibst den Schlaf aus deinen Augen ... Reckst und streckst dich hoch hinauf, als wolltest du in den Himmel hineinwachsen, um der Sonne näher zu sein ... Stampfst und trampelst mit den Füßen ... Klatscht vergnügt in die Hände ... Und schüttelst die Kälte des langen Winters von dir ab ...

Die Kinder bewegen sich entsprechend zu flotter Musik. Besonders hilfreich ist hier z. B. Trommelmusik mit schnellem Takt.

Tanzerfahrene Kinder kann man während des Liedes „sich selbst überlassen", da sie sicherlich eigene Ideen haben, die Anleitung umzusetzen. Jüngeren Kindern oder Spielern ohne viel Tanzerfahrung kann man immer wieder Impulse geben und Tipps, welche Körperteile man noch kräftig aufwecken, ausschütteln und flott bewegen kann. Das macht nicht nur riesig Spaß, sondern löst alle Anspannung, befreit und befriedigt den natürlichen Bewegungsdrang der Kinder!

Tipp:

Im Anschluss kann man mit den Kindern einmal gemeinsam überlegen, welche Körperteile sich eigentlich bewegen lassen: Kopf, Schultern, Arme, Hände, Finger, Bauch, Po, Beine, Knie, Füße, Zehen – was noch?

Nach der ganzen Bewegung tut eine wohltuende Massage sicher gut und bringt die Kinder wieder zur Ruhe. Vor allen Dingen sind viele Kinder, nachdem sie ihren doch meist stark ausgeprägten Bewegungsdrang ausgelebt haben, nun auch dazu bereit.

Blenden Sie einfach ganz ruhige Musik ein und die Kinder finden sich zu Spielpaaren zusammen. Während der Musik können sie sich gegenseitig den Rücken massieren, die Arme ausstreichen o. ä. Natürlich wird im Anschluss gewechselt, damit jeder in den Genuss der wohltuenden Massage kommt.

Ein kleiner, heller Sonnenstrahl

Material

Für jedes Kind mehrere gelbe Bänder, die es sich um die Handgelenkte binden kann. Diese können aus Stoffresten bestehen, aus einem eingefärbten alten Bettlaken oder einfach aus einer Rolle Krepppapier.

Tanzanleitung

Stell dir vor, du bist ein kleiner, heller Sonnenstrahl. Wenn die gute, alte Sonne ihre Bahn am Himmel zieht, dann strahlst du vergnügt und mit den anderen Sonnenstrahlen um die Wette. Neugierig wanderst du am Himmel umher ...

Die Kinder bewegen sich kreuz und quer durch den gesamten Raum.

Du bist neugierig und fliegst in einem Rutsch hinunter zur Erde, um dir alles genau anzuschauen.

Die Kinder tanzen schnell von der einen Raumecke zur gegenüberliegenden Seite hinüber.

Die Kinder auf der Erde freuen sich über die vielen hellen Sonnenstrahlen, die ihnen Wärme bringen. Ganz vergnügt tanzt auch du vor lauter Freude.

Alle Mitspieler drehen sich vergnügt im Kreise und lassen bei jeder Drehung die gelben Bänder flattern.

Ganz gemütlich ziehst du von Haus zu Haus und lässt alles in hellem Sonnenschein erstrahlen.

Die Kinder bewegen sich wieder gemächlich durch den ganzen Raum und können Arme und Beine frei und nach eigenen Vorstellungen bewegen.

Spielvariante

Beim Tanzen werden die Hände durch das aktive Bewegen recht warm. Wenn die Kinder sich mögen und dies zulassen, können sie sich zwischendurch auch gegenseitig mit ihren warmen Händen ein paar „Sonnenstrahlen“ und Wärme schenken. Es reicht vollkommen aus, wenn die Hände einen Moment lang auf den Rücken oder die Schultern gelegt werden.

Noch eine Spielvariante

Sonne tut gut und öffnet das Herz! Ebenso schenkt uns ihre Wärme Kraft und Energie.

Besonders wohltuend ist es auch, wenn sich die kleinen Tänzer gegenseitig die Schultern oder Arme von oben nach unten ausstreichen. Dazu stellt man sich hinter einen der Mittänzer und streicht gleichzeitig mit beiden warmen Händen von den Schultern bis hinunter zu den Händen alle Anspannung ab. Das tut gut und lässt die Sonne noch lebendiger werden!

Tipp:

Je unerfahrener die Kinder sind, desto mehr Anleitung brauchen sie während eines Tanzes. Kinder, die gerne und oft tanzen, brauchen nur am Anfang, wenn die Musik eingespielt wird, eine kurze Anleitung, einen Impuls, und bewegen sich dann eigenständig und ganz frei zur Musik.

Jüngere Kinder dagegen müssen erst ausprobieren, welche Bewegungen beim Tanzen möglich sind. Daher macht die Spielleitung diese Tänze in der Regel auch aktiv mit.

Wohltuende Massagen, die entspannen

Kinder mögen Massagen sehr, vor allen Dingen, wenn diese ganz spielerisch umgesetzt werden. Viele von ihnen kennen noch die wohltuende Babymassage, die immer beliebter wird und bei Eltern großen Anklang findet. Leider gerät die Massage oft nach der Babyzeit in Vergessenheit. Dabei brauchen auch heranwachsende Kinder liebevolle Berührungen, die ihnen Geborgenheit und ein gutes Körpergefühl vermitteln.

Die Massagen in diesem Kapitel sind ganz einfach und ohne jede Vorkenntnis anzuwenden. Die Übungen lassen sich auch dann durchführen, wenn die Kinder angezogen sind. Nur ganz dicke Wollpullis sollten die Kinder besser ausziehen, damit sie die Berührungen überhaupt spüren können.

Es ist günstig, wenn Sie für eine angenehme Atmosphäre sorgen. Zwischen herumliegenden Spielsachen und pieksenden Brotkrümeln, sprich zwischen „Tür und Angel“, lässt sich niemand gerne massieren. Nehmen Sie sich also die nötige Zeit und Ruhe und verschieben Sie die Massage lieber, wenn Ihnen schon der nächste „Programmpunkt“ im Nacken sitzt.

Der Raum, in dem die Massage stattfindet, sollte angenehm temperiert sein, so dass keiner friert. Die Kinder sollten sich wohl fühlen.

Eine wichtige Regel beim Massieren ist, auf den anderen zu achten und seine Wünsche zu respektieren. Ein klares „Nein“ müssen die Kinder jederzeit und ohne Diskussionen akzeptieren. Derjenige, der massiert, sollte so behutsam und liebevoll mit dem Massierten umgehen, wie auch er selbst gerne behandelt würde. Und der Massierte darf jederzeit leise, damit die anderen nicht gestört werden, Rückmeldung geben, wenn ihm etwas unangenehm ist.

Bitte beachten Sie einen wichtigen Grundsatz: **Kranke Kinder werden nicht massiert.**

Wenn Sie mit Kindern massieren, sollten Sie genug Zeit einplanen, damit im Anschluss gewechselt werden und das andere Kind eine Massage genießen kann.

Kinder, die nicht massiert werden wollen, gibt es natürlich auch. Am besten, Sie nehmen dies einfach hin. Vielleicht hilft es den Kindern, einfach den anderen zuzuschauen, um zu sehen, was genau passiert.

Hilfreich ist es, wenn Kinder, die bislang noch keine Erfahrung mit Massagen haben, erst einmal sich selbst massieren. So erfahren sie, welche Berührungsmöglichkeiten eine Massage bietet: Man kann streicheln, kneten, klopfen, zupfen etc. Vor allen Dingen merken sie dabei selbst am besten, was gut tut und angenehm ist und was nicht. Danach werden die Kinder auch in der Lage sein, auf den anderen besser einzugehen und seine Gefühle zu achten.

Die Sonne tief in meinem Bauch

Material

Ggf. ein Kissen und eine Decke pro Kind/Spielpaar

Übungsanleitung

Suche dir einen Platz und mache es dir dort so richtig gemütlich!

Wenn du magst, lege deinen Kopf auf ein Kissen und nimm dir eine Decke zum Kuscheln ...

Wenn dich nichts mehr stört, schließe deine Augen und stell dir vor, eine kleine Sonne scheint tief in deinem Bauch ...

Kannst du sie sehen?

Vor allen Dingen aber kannst du die kleine Sonne und ihre wohltuende Wärme gut spüren!

Nimm deine rechte oder linke Hand und streichele mit ihr um deinen Bauchnabel herum ... Ganz gemütlich und gleichmäßig im Uhrzeigersinn ...

Das tut gut! Sicher spürst du die wärmende Sonne in deinem Bauch schon ...

Lass die Kreise, die du mit deiner Hand streichelst, etwas größer werden, damit sich die Sonnenstrahlen ausbreiten und den gesamten Bauch wärmen können ...

Wunderbar, mit soviel Wärme in dir. Die Wärme tut nicht nur gut, sondern du merkst, wie sie dir neue Kraft schenkt ...

Nun reibe beide Hände einen Moment lang ganz fest und schnell aneinander ...

Fertig? Dann lege beide Hände nun auf deinen Bauch und genieße die kleine Sonne in dir ...

Geben Sie den Kindern ausreichend Zeit zum Spüren und Innehalten. Wenn die ersten Kinder unruhig werden, können Sie fortfahren.

Wenn du schließlich genug Sonnenstrahlen gesammelt hast und du dich wieder rundum fit und voller Kraft fühlst, balle die Hände zu festen Fäusten, recke und strecke dich ...

Tipp:

Diese wohltuende Massage kann man auch wunderbar als „Partnermassage“ durchführen. Wichtig dabei ist, das sich die Kinder vertrauen und mögen. Es gehen immer zwei Kinder zusammen. Ein Kind legt sich hin und macht es sich gemütlich. Das andere Kind hockt sich etwa in Bauchhöhe daneben und führt dann die Bewegungen und Berührungen durch, die die Spielleitung erzählt. So kann das liegende Kind die Massage noch intensiver genießen!

Natürlich kann diese Massage auch mit Hilfe eines Massageöls durchgeführt werden. Das Öl unterstützt die Wirkung nochmals hilfreich. Beachten Sie dabei bitte, dass immer mehr Kinder unter Allergien leiden, und informieren Sie vorher die Eltern, wenn Sie ein solches Öl einsetzen möchten.

Diese Massage eignet sich übrigens zur Entspannung vor der Mittagsruhe oder für Kinder, die gerne etwas „in sich hineinfressen“ und denen Ärger und Stress auf den Magen schlägt. Um die Wärme im Bauch noch besser spüren zu können, können die Kinder vorher auch etwas warmen Tee zu sich nehmen. Bei jedem Schluck spürt man, wie sich die Wärme immer mehr ausbreitet.

Das müde Christkind

Material

Ggf. ein Kissen und eine Decke pro Kind.

Übungsanleitung

Weihnachten steht vor der Tür und so ist in der Weihnachtswerkstatt natürlich allerhand zu tun.

In aller Frühe nimmt der Tag seinen Lauf und so arbeitest du als Christkind bis spät in die Nacht hinein, damit alle Geschenke rechtzeitig fertig werden.

Für heute ist alle Arbeit getan und müde fällst du in dein weißes Himmelbett und machst es dir gemütlich.

Du hast Glück, denn heute Abend bekommst du Besuch von einem kleinen Weihnachtsengel. Fröhlich winkt er dir aus dem nächtlichen Sternenhimmel entgegen.

Mit einer Hand wird über den Rücken des liegenden Kindes gefahren und mit der Handinnenfläche eine „winkende", streichelnde Bewegung ausgeführt. Das lockert und entspannt.

„Guten Abend", begrüßt dich der kleinen Weihnachtsengel. „Du schaust müde aus! Ich möchte dir etwas Gutes tun. Wo kannst du denn am besten etwas Wärme und Geborgenheit gebrauchen?"

Das liegende Kind, das das müde Christkind darstellt, darf sich wünschen, wo es am liebsten massiert werden möchte: Rücken, Schultern, Arme, Hände, Beine, Füße ...

„In Ordnung", lächelt der Weihnachtsengel und macht sich an die Arbeit, dich ganz liebevoll zu massieren ...

Tipp:

Diese Massageübung setzt voraus, dass die Kinder Erfahrungen mit Massagen haben und wissen, welche Berührungen man durchführen kann.

Denn hierbei entscheidet der Massierte, an welchen Stellen er etwas Entspannung und Zuwendung gebrauchen kann. Derjenige, der massiert, darf dann diese Übung eigenständig ausführen und massieren. Im Anschluss daran wird natürlich gewechselt.

Wenn man es abwechslungsreicher haben möchte, kann das „müde Christkind" natürlich auch von oben ab den Schultern bis hin zu den Füßen durchmassiert werden. Vorausgesetzt, dem massierten Kind wird dies nicht zu viel!

Da diese Massage nur anfangs mit einer kleinen Übungsanleitung beginnt, könnte man im Anschluss auch leise Musik einblenden, die die ruhige Stimmung zusätzlich unterstreicht.

Winterbilder

Material

Eine Decke oder ein großes Badelaken und ein Kissen sowie eventuell duftneutrale Creme

Anleitung

Der Winter ist meist ganz weiß, weil draußen viel Schnee liegt. Aber wenn man eine Schneeflocke mal unter eine Lupe hält, entdeckt man ganz zarte Eiskristalle und wunderschöne Muster. Somit ist auch der Winter eigentlich recht „bunt".

Und weil dies im Winter ganz besonders gut tut, habe ich mir für heute eine Massage ausgedacht, bei der wir schöne Winterbilder auf den Rücken malen.

Die Kinder legen sich bäuchlings auf eine Decke. Derjenige, der massiert, darf mit der Creme ein tolles Muster auf den Rücken malen. Anschließend wird die restliche Creme einfach auf dem gesamten Rücken einmassiert.

Tipp:

Manche Kinder erraten bei der Massage gerne die gemalten Formen. Andere werden ganz ruhig und genießen diese „Malerei" auf ihrem Rücken voll und ganz. Das hängt immer von dem jeweiligen Kind und der Stimmung ab und beides ist vollkommen in Ordnung.

Wenn dieses Massagespiel in einer größeren Kindergruppe, dem Kindergarten oder der Spielgruppe durchgeführt wird, kann man die Creme auch weglassen und die Muster über ein T-Shirt auf den Rücken malen lassen. Oder man lässt die Kinder nur die Ärmel hochkrempeln und massiert mit der Creme die nackten Arme oder Beine.

Weihnachtsüberraschung

Übungsanleitung

Die Weihnachtszeit steckt immer voller Überraschungen. Die vielen Heimlichkeiten bringen die Stimmung richtiggehend zum Knistern. Das alles ist so spannend und aufregend. Da ist eine Massage besonders willkommen!

Komm und setz dich mal auf einen Stuhl, so dass du die Lehne vor dir hast und dich bequem daranlehnen kannst ...

Ich male dir mit meinen Händen eine Weihnachtsüberraschung auf den Rücken. Wenn du möchtest, kannst du dabei die Augen schließen, damit du besser spüren kannst, mit was ich dich überraschen will. Kannst du erraten, was es ist?

Tipp:

Immer wenn das Kind den Gegenstand erraten hat, können Sie kurz den gesamten Rücken streicheln oder einen Moment massieren, bevor Sie mit dem nächsten Bild weitermachen.

Die Weihnachtsüberraschungen können einfache Symbole sein, die zur Jahreszeit passen, wie Mond, Stern, Tannenbaum, Kerze, Tannenzweig etc.

Wenn die Kinder schon älter sind und Buchstaben kennen, könnten Sie zum Lesenlernen als Motivation bestimmte Wörter auf den Rücken schreiben, die die Kinder „lesen“ und erraten sollen.

Massage mit Kastanien

Material

Kastanien, Kastanienstrang oder Kastaniensäckchen, pro Kind ein Kissen und eine Decke

Kastanien eignen sich hervorragend zum Massieren und sind ganz vielfältig einsetzbar. Die Kinder können die Kastanien allein in die Hand nehmen und damit über den Rücken rollen und kullern. Das klappt oft besser als mit einem Massageball, da dieser für die kleinen Hände der Kinder oft viel zu groß ist.

Man kann, wenn die Kinder angezogen sind, auch mit der gesamten Kastanie über den Rücken rollen, wenn diese noch in der dicken Hülle steckt. Das ist wirklich angenehm und die „Stacheln“ stören hierbei eigentlich nicht.

Ebenso gut kann man mit sogenannten Kastaniensträngen massieren. Dazu näht man aus einfachem Stoff circa 3–4 cm breite und ungefähr 30 cm lange Stränge, die im Anschluss mit ganz trockenen Kastanien gefüllt werden. Wichtig hierbei ist, dass die Kastanien wirklich vollkommen trocken sind und keine aufgeplatzten Stellen o. ä. haben, da diese sonst anfangen zu schimmeln.

Diese Stränge kann man über den Rücken rollen und ziehen, ebenso wie Kastaniensäckchen. Diese funktionieren im Prinzip wie Kirschkernkissen, nur mit Kastanien gefüllt.

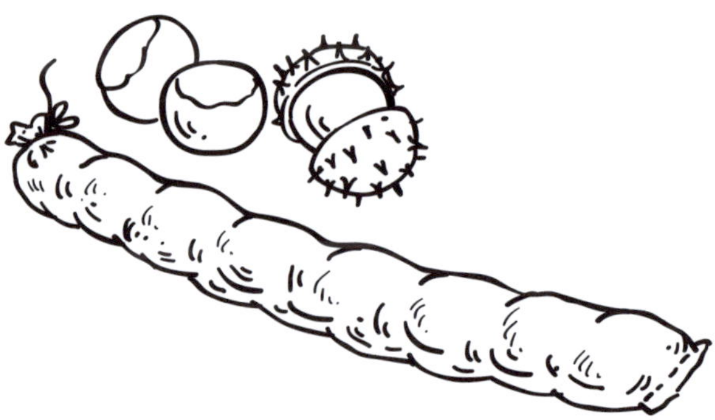

Übungsanleitung

Heute habe ich eine ganz besondere Überraschung mitgebracht. Und zwar eine Massage mit richtigen Kastanien.

Such dir einen schönen Platz im Raum und mache es dir dort ganz bequem.

Wenn dich nichts mehr stört, schließe deine Augen und genieße die Massage.

Diejenigen, die massieren, können ihrer Fantasie freien Lauf lassen und nach eigenen Ideen ihren Spielpartner mit den Kastanien massieren. Wenn Sie möchten, können Sie die Massage ganz leise mit Musik untermalen.

> Tipp:
> Besonders wohltuend ist es, wenn man die Kastanienstränge oder -säckchen vorab im Backofen erwärmt. Die Kastanien speichern die Wärme und diese tut beim Massieren natürlich ausgesprochen gut. Achten Sie darauf, dass der Ofen nicht mehr als ca. 100–120 Grad hat und stellen Sie immer eine feuerfeste Schale mit Wasser hinein, damit die Wärme nicht zu trocken wird und dadurch die Kastanien platzen.

Was streichelt mich?

Material

Allerhand Gegenstände, die man z. B. bei einem winterlichen Waldspaziergang gesammelt hat oder einfache Sachen, die man aus dem Haushalt zur Hand hat.

Das können Naturmaterialien sein wie ein runder Kieselstein, ein Tannenzapfen, ein kleiner Stock, eine Kastanie, Eichel, Buchecker, Feder, ein Stück Rinde etc. Wichtig ist nur, dass man diese Schätze gut trocknet und säubert, damit man sich dadurch nicht die Kleidung verschmutzt.

Es eignen sich auch Gegenstände aus dem Haushalt: kleines, sauberes Nudelholz, Plätzchenausstecher, eine saubere Bürste, ein Suppenlöffel, ein Kamm, ein Legostein, eine Murmel, eine Pappröhre/Rolle, ein Ball aus zerknülltem Zeitungspapier etc.

Übungsanleitung

Für heute habe ich mir etwas Tolles ausgedacht. Ihr werdet erstaunt sein, was uns heute bei der Massage alles hilft.

Mal sehen, ob ihr die Sachen erraten könnt, die euren Rücken streicheln und massieren werden.

Diejenigen, die massieren, wählen einen Gegenstand aus und massieren damit den Rücken des liegenden oder sitzenden Kindes. Sobald das massierte Kind den Gegenstand richtig erraten hat, kommt der nächste Gegenstand an die Reihe. Nach drei erratenen Sachen wird dann gewechselt.

Spielvariante

Diese Massage kann man natürlich nicht nur auf dem Rücken ausprobieren. Auch andere Körperteile können – wenn gewünscht – mit einbezogen werden.

Wie fühlt sich z.B. eine Tannenzapfenmassage unter den Füßen an? An welchen Körperteilen rollt die Kastanie am schönsten, was tut meinem Rücken besonders gut?

Tipp:
Dieses Massagespiel macht Kindern unglaublich viel Spaß. Besonders toll ist es zu sehen, wie aufmerksam die Kinder plötzlich Sachen wahrnehmen und durch die Räume der Kita streifen – womit kann man denn noch massieren?

Das fördert die Fantasie und Kreativität, vor allen Dingen aber auch die Sinne, denn die werden beim Erraten der jeweiligen Gegenstände ja angesprochen.

Ich schenk dir was, das tut dir gut

Übungsanleitung

In der Weihnachtszeit tut man Leuten, die man gern hat, oft etwas Gutes. Man überlegt sich tolle Sachen, mit denen man den anderen eine Freude machen kann.

Heute wollen wir uns etwas gönnen, was uns gut tut und was zudem auch Spaß macht.

Dazu setzen wir uns einfach auf den Boden in einen Kreis, und zwar so, dass unser Vordermann zwischen unseren Beinen sitzt und wir alle jemand vor uns haben, an dessen Rücken wir gut kommen.

Sitzen alle bequem? Dann kann es losgehen!

Jeder darf den Rücken seines Vordermanns liebevoll massieren, streicheln und ihm etwas richtig Gutes tun!

Tipp:
Dies ist eine schöne Massage für größere Gruppen wie in Kindergarten oder Spielgruppe, bei der alle problemlos mitmachen können.

Das Schöne daran ist, dass alle Kinder gleichzeitig aktiv sind und nicht erst warten müssen, bis sie an der Reihe sind. Denn das fällt den Kindern oft sehr schwer.

Die Kinder werden zum einen selbst massiert und bekommen etwas „Gutes". Zudem sind sie recht frei, wie sie selbst ihren Vordermann verwöhnen. Und zu guter Letzt können sich die Kinder in der Runde auch umsehen und erhalten so neue Ideen und Anregungen zum Massieren, indem sie ihre Mitspieler beobachten.

Wenn Sie im Hintergrund leise meditative Musik laufen lassen, unterstreicht dies die ruhige, harmonische Stimmung.

Der Weihnachtsmann hat müde Hände

Übungsanleitung

Stell dir vor, du bist der Weihnachtsmann. In deiner Weihnachtswerkstatt hast du Tag für Tag gehämmert, gesägt, gebastelt, genäht und Teig für die leckeren Weihnachtsplätzchen geknetet ...

Jetzt sind deine Hände müde und schlapp ...

Komm und setz dich zu mir! Ich schenke deinen Händen eine wohltuende Massage und werde sie liebevoll streicheln ...

Die Kinder gehen zu zweit zusammen und nehmen im Raum Platz, etwa auf dem Boden, am Tisch o. ä. Ein Kind spielt den Weihnachtsmann und der andere Mitspieler massiert. Im Anschluss an diese Massageeinheit wird natürlich gewechselt und das andere Kind darf den Weihnachtsmann spielen!

Wenn die Kinder massageerfahren sind, können Sie diese sich selbst überlassen. Beobachten Sie einfach still, ob alle damit zurechtkommen.

Sollten die Kinder unsicher sein, geben Sie einfach ein paar Anregungen, wie die Hände massiert werden können:

- Man kann die Hände warm reiben.
- Man kann die Hände kneten.
- Die Hände können liebevoll gestreichelt werden.
- Die Haut an den Händen kann leicht gezupft werden.
- Alle Finger kann man nach oben hin ausstreichen.
- Die Nägel kann man prima massieren und reiben.
- Die Finger können einzeln massiert, gestreichelt und gerieben werden.
- Man kann die Hände leicht abklopfen.

Tipp:
Wenn die Kinder unempfindlich sind und keinerlei Allergien haben, lässt sich eine solche Handmassage auch gut mit etwas Creme oder ein paar Tropfen Massageöl durchführen. Eine solche Handmassage ist gerade in der Winterzeit eine wahre Wohltat, da die Hände oft kalt sind und die Haut durch die kalten Temperaturen sehr beansprucht wird.

Fantasiereisen zum Träumen und Entspannen

Fantasiereisen laden die Kinder ein ins Land der Träume und Wünsche. Dabei können sie wunderbar abschalten, entspannen, den Alltag für eine Weile hinter sich lassen. Gerade in der Winterzeit tut Kindern diese Auszeit gut. Viel zu oft müssen die Kinder aufgrund von schlechtem Wetter drinnen spielen und bekommen nicht genug Bewegung und Ausgleich. Dann kommt die oftmals stark verplante Weihnachtszeit hinzu, die zwar viel Freude mit sich bringt, aber leider auch erfahrungsgemäß reichlich Terminstress.

Da kommen Fantasiereisen zum Träumen und Entspannen gerade recht. Damit diese gut gelingen, möchte ich Ihnen an dieser Stelle einige hilfreiche Tipps mit auf dem Weg geben, die die Wirkung der Geschichten sinnvoll unterstützen.

Bitte nehmen Sie sich ausreichend Zeit für eine Fantasiereise. Diese soll die Kinder zur Ruhe führen und das braucht Zeit. Je länger die Kinder im Land der Fantasie neue Kraft tanken können, desto entspannter und ausgeglichener werden sie im Anschluss sein.

Damit die Kinder sich gut in die Geschichte einfühlen und wirklich abschalten können, brauchen sie eine kurze Einleitung, um den Alltag auch wirklich hinter sich zu lassen. Diese könnte z. B. so aussehen:

„Such dir einen schönen Platz und mache es dir dort so richtig gemütlich. Lege dich der Länge nach hin und kuschel dich tief in deine Decke. Den Kopf kannst du auf ein kleines Kissen legen. Bevor du mich auf die Reise der Träume begleitest, höre erst einmal einen Moment in dich hinein! Liegst du wirklich ganz bequem? Wenn dich nichts mehr stört und du dich rundherum wohl fühlst, schließe einfach deine Augen und dann höre der Geschichte zu, die ich dir heute mitgebracht habe …“

Lassen Sie sich beim Lesen Zeit! Die Kinder können sich die Handlung noch besser ausmalen und vor dem inneren Auge lebendig werden lassen, wenn sie dazu genug Zeit haben. An einigen Stellen können Sie die Pausen auch etwas länger machen. Geübten Kindern fällt es oft leicht, diese auszuschmücken und nach eigenen Ideen zu träumen.

Aus diesem Grund empfehle ich, dass Sie sich die Geschichten vorher durchlesen und gut kennen. So haben Sie die Möglichkeit, viel intensiver auf die Kinder einzugehen und die Geschichte bei Bedarf zu erweitern, wenn die Kinder ganz ruhig sind und die Entspannung so noch länger genießen können. Oder, falls große Unruhe herrscht, können Sie die Geschichte an einer passenden Stelle auch abkürzen.

Im Anschluss an eine Fantasiereise und die damit verbundene Entspannungsphase müssen die Kinder wieder „geweckt“ werden. Das geschieht durch das sogenannte Zurücknehmen. Dabei atmen die Kinder einige Male hörbar ein und aus, ballen ihre Hände zu festen Fäusten, recken und strecken sich ausgiebig. Nur wenn die Kinder im Anschluss an eine solche Fantasiereise einschlafen sollen, entfällt das Zurücknehmen.

Bedenken Sie bitte, dass jedes Kind unterschiedlich ist. So wie manche Menschen am frühen Morgen putzmunter und voller Elan aus dem Bett springen und wieder andere sich regelrecht aus dem Bett quälen müssen, hat auch jeder beim Zurücknehmen sein eigenes Tempo. Geben Sie jedem Kind so viel Zeit, wie es benötigt.

Im Anschluss an eine Fantasiereise haben Kinder oft das Bedürfnis über das Erlebte zu sprechen. Planen Sie somit etwas Zeit ein, um die Kinder zu ihren Erlebnissen zu befragen oder die Geschichten nochmals zu vertiefen oder nacherzählen zu lassen. Dabei werden Sie auch merken, dass jedes Kind eine Geschichte auf seine Art und Weise erlebt. Das ist vollkommen normal, da die Geschichten durch ausreichend Pausen beim Erzählen mit eigenen Ideen, Wünschen, Bedürfnissen und inneren Bildern gefüllt werden, die natürlich ganz individuell sind.

Wir gehen mit Laternen durch die Nacht

Wenn du ganz bequem liegst, dann schließe deine Augen ...

Stell dir vor, der Nachmittag neigt sich langsam dem Ende zu. Draußen wird es dunkel. Voller Vorfreude holst du deine selbst gebastelte Laterne, die bereits an einem Laternenstab hängt. Noch schnell einen kleinen Beutel umgehängt und die warme Jacke angezogen – dann geht es los!

Draußen vor dem Haus warten schon ein paar Freunde von dir. Ihre Laternen leuchten dir durch die Dämmerung entgegen. Wie schön das bunte Licht und der Glanz am Abend wirken. Einfach toll ...

Vergnügt macht ihr euch auf den Weg. Gemeinsam zieht ihr von Haus zu Haus und erfreut die Menschen in der Nachbarschaft mit den fröhlichen Martinsliedern, die ihr singt.

Besonders der warme Lichterglanz der Laternen erwärmt die Herzen der Leute. Alle sind freundlich und hören den Liedern ganz gespannt zu.

Vor dem Haus auf der gegenüberliegenden Straßenseite steht eine kleine Gruppe von Kindern. Ein kleines Mädchen spielt auf einer Flöte und begleitet die anderen beim Singen. Der zarte Klang der Flöte scheint die Nacht zu verzaubern. Wie schön das klingt. Dabei fällt dir das klare Licht der vielen Sterne am Abendhimmel auf. Es sieht aus, als würden sie zur

Musik tanzen und sich ebenso daran erfreuen wie ihr Kinder und die Leute, die die Martinslieder hören.

Nachdem ihr um den Häuserblock gezogen seid, merkst du, dass du langsam die Müdigkeit in dir spürst. Der Tag war so aufregend und die Wanderung mit den Laternen hat dich müde gemacht. So verabschiedet du dich von deinen Freunden und gehst zu eurem Haus zurück. Dort hängst du die Jacke an den Haken, ziehst die warmen Stiefel aus und machst es dir auf dem Sofa bequem.

Die bunte Wolldecke hält dich warm und geborgen. Und deine Laterne steht nun auf dem Tisch. Der warme Schein der Kerze, die im Innern der Laterne leuchtet, verzaubert nun auch hier den Raum.

Deine Mama setzt sich zu dir und nimmt dich in den Arm. Ach, das tut gut. Du kuschelst dich noch tiefer in die warme Decke und hörst der Gutenachtgeschichte zu, die deine Mutter dir erzählt ...

Dabei spürst du mit einem Mal, wie ruhig und entspannt du bist ... Ganz ruhig ist es tief in dir ... In deinen Armen und Beinen spürst du eine angenehme Schwere ... Schwer, ganz schwer fühlen sich deine Arme und Beine an ... Die Schwere tut gut und lässt dich noch tiefer entspannen ... Dann spürst du die wohltuende Wärme der Decke ... Dein ganzer Körper ist nun warm, strömend warm ... Besonders gut spürst du die Wärme in deinen Armen und Beinen ... Warm und rundherum geborgen fühlst du dich.. Und dann fallen dir auch schon die Augen zu ... In dieser Nacht träumst du einen ganz besonders schönen Traum ... Der helle Schein der bunten Laternen begleitet dich dabei ... Schlaf gut ...

▶ **HINWEIS** Bitte vergessen Sie im Anschluss nicht, die Geschichte durch das Zurücknehmen zu beenden.

Eine Reise mit dem Wind

Nun schließe deine Augen ... Höre einen Moment lang in dich hinein, ob du ganz bequem liegst und dich nichts mehr stört ...

Dann stell dir vor, es ist ein schöner Nachmittag. Du hast Lust ein wenig frische Luft zu schnuppern und ziehst dir etwas Warmes über.

Gut gelaunt läufst du in den Garten und freust dich darüber, dass die Sonne heute so richtig scheint.

Mit deinen Stiefeln lässt du das Laub unter dem großen Kastanienbaum aufwirbeln. Wie lustig es aussieht, wenn die Blätter aus der Luft nach unten auf den Boden segeln.

Plötzlich hörst du eine freundliche Stimme, die aus der Luft zu kommen scheint. „Hallo!“, wirst du begrüßt. Als du dich suchend umschaust, entdeckst du im obersten Wipfel des Kastanienbaums den Wind. Er sitzt dort ganz gemütlich auf einem Ast und baumelt vergnügt mit den Beinen. Sein Gesicht ist freundlich, seine runde Nase gerötet und seine dicken Plusterbacken lachen dir entgegen. Um seinen Mund wächst ein langer weißer Bart, der ein bisschen aussieht wie eine kleine Schäfchenwolke.

„Hallo!“, grüßt du freundlich zurück und winkst ihm von unten aus zu. Da schwebt der Wind zu dir hinunter ...

„Hast du Lust zu einem Ausflug? Wie wäre es mit einer echten Windreise?“, schlägt dir der Wind vor. „Prima!“, gibst du zurück. Er lässt dich auf seinen Rücken steigen. Als du das Signal zum „Abflug“ gibst, hebt sich der Wind mit dir in die Lüfte.

Hey, macht das vielleicht Spaß. In deinem Bauch kribbelt es vor lauter Freude ein wenig. Und du staunst darüber, was es von hier oben alles zu sehen gibt ...

So fliegt ihr über die Dächer der Stadt. Bis ihr zum Stadtrand kommt, an dem der Wald beginnt, in dem du so gerne spielst. Neulich habt ihr an dem kleinen See am Waldrand selbst gebaute Schiffchen fahren lassen. Aber da es ganz windstill war, hat es keinen rechten Spaß gemacht!

Heute ist das ganz anders. Der Wind ist ein fröhlicher Geselle und immer zu einem Spaß bereit. Mit Schwung fliegt ihr über den kleinen See und der Wind bläst aus vollen Backen. Die Schiffe auf dem kleinen See bekommen richtig Fahrt und schaukeln munter auf dem Wasser, das sich nun durch den Windstoß bewegt!

Im Wald geht der Flug weiter. Vergnügt fliegt der Wind mit dir zwischen den Bäumen hindurch, mitten durch die Baumkronen, die euch Platz machen und sich über den Besuch des Windes freuen. An einem großen Baum hängen tatsächlich nicht nur bunte Blätter, sondern auch noch ein paar Bucheckern. Der Wind nimmt Anlauf und pustet die bunten Blätter von den Ästen. Du hilfst mit und bläst auch die Backen auf. Das macht vielleicht Spaß!

Ein paar Kinder, die im Wald spielen, wollen sich eine Hütte bauen und suchen dazu abgebrochene Äste und kleine Zweige. Natürlich hilft der Wind auch hier im Nu und rüttelt kraftvoll an den umliegenden Bäumen. Die Kinder freuen sich darüber und bedanken sich.

Nun braucht ihr etwas Pause. Am blauen Himmel sucht ihr euch eine schöne Wolke, auf der ihr beide gemeinsam Platz zum Ausruhen findet.

Ganz tief kuschelt ihr euch in die Wolke hinein und lasst euch am blauen Himmel ruhig treiben ... Vollkommen ruhig und zufrieden liegst du da und schaust in den Himmel hinein ... Alles um dich herum ist still und friedlich ... Du spürst, wie du ganz schwer da liegst. Beide Arme und Beine fühlen sich ganz schwer an, so als wärst du es gewesen, der an den Bäumen gerüttelt und geschüttelt hat ... Schwer, ganz schwer fühlt sich dein Körper an ...

Dann spürst du die Sonne ... Sie steht direkt über euch und hüllt dich mit ihren warmen Sonnenstrahlen ein ... Das tut gut und du merkst, wie ihre Wärme durch deinen Körper strömt ... Besonders warm sind deine Arme und Beine ... Die wohltuende Wärme der Sonnenstrahlen strömt durch Arme und Beine hindurch und wärmt deinen ganzen Körper ... Du fühlst dich rundherum warm ... Ganz warm und geborgen ...

Neben dir liegt der Wind und träumt vor sich hin. Dabei geht sein Atem ganz ruhig und regelmäßig ein und aus, obwohl er eben richtig aus der

Puste war ... Auch dein Atem geht mit einem Mal vollkommen ruhig und regelmäßig ein und aus ... Lass es einfach in dir atmen, ruhig und gleichmäßig ...

Schließlich verabschiedet sich die Sonne von euch, da sie weiter muss. So macht auch ihr euch auf den Heimweg. Du kletterst wieder auf den starken Rücken des Windes und so fliegt ihr zurück in Richtung Stadt. Bis der Wald unter euch zu sehen ist ... die Häuser der Stadt ... und schließlich dein Garten und der Kastanienbaum, von wo aus ihr losgeflogen seid.

Der Wind landet ganz behutsam und sanft. Als du von seinem Rücken steigst und wieder festen Boden unter dir hast, spürst du die große Ruhe und Zufriedenheit in dir. Der Ausflug mit dem Wind hat richtig Spaß gemacht. Du bedankst dich für den schönen Nachmittag und schaust dem Wind noch eine Weile nach. Wie lustig der weiße Wolkenbart im Flug flattert. Die dicken Backen des Windes leuchten im Licht der untergehenden Sonne.

Vergnügt und gut erholt gehst du ins Haus und schließt die Türe hinter dir.

▶ **HINWEIS** Bitte vergessen Sie im Anschluss nicht, die Geschichte durch das Zurücknehmen zu beenden.

Vom kleinen Wichtel

Schließe nun deine Augen und stell dir vor, es ist ein schöner Tag im Herbst ...

Es ist Nachmittag und du spazierst fröhlich durch einen freundlichen Wald. Der Himmel über dir ist strahlend blau, wie es nur ein Herbsthimmel sein kann. Keine Wolke weit und breit.

Schließlich kommst du an einen kleinen Bach, dessen Wasser vergnügt vor sich hin plätschert. Um dich etwas auszuruhen, machst du es dir am Rand des Baches gemütlich und legst dich ins kuschelige weiche Moosbett hinein.

Ach, das tut vielleicht gut! Nichts zu tun, nichts lenkt dich ab und rundherum eine wohltuende Stille. Man hört nur das leise Singen der Vögel hier im Wald und dann und wann das sanfte Plätschern des Baches – einfach toll!

Während du ganz entspannt daliegst und den Himmel betrachtest, entdeckst du in einiger Entfernung ein paar Pilze, die im grünen Moos wachsen. Sie leuchten im Licht der Sonne.

Plötzlich hörst du aus der Nähe ein leises Pfeifen. Und da entdeckst du einen kleinen Wichtel mit roter Zipfelmütze und einem kleinen Rucksack auf seinem Rücken, wie er geradewegs in Richtung der Pilze marschiert und vergnügt vor sich hin pfeift.

Als der kleine Wichtel dich entdeckt, zieht er seine rote Mütze und verbeugt sich, um dich zu begrüßen. Dann kraxelt er auf einen der Pilze und macht es sich darauf ganz bequem. Aus seinem kleinen Rucksack holt er eine karierte Decke und eine saftig aussehende Brombeere.

„Möchtest du auch mal beißen?", fragt dich der kleine Kerl und hält dir mit seinen kleinen Händchen die Brombeere entgegen.

Aber du bist noch ganz satt und zufrieden. Munter schmatzt der kleine Wichtel und im Nu hat er die Beere verputzt. Dann leckt er sich den Saft von den Lippen, streicht zufrieden über sein dickes Bäuchlein und legt sich auf die Decke.

„Das tut gut!", sagt der freundliche, kleine Kerl zur dir. „Soviel Sonne im Bauch!"

„Sonne im Bauch?", fragst du. „Du meinst wohl eher die Brombeere im Bauch!", aber der Wichtel schüttelt den Kopf. „Nein, die Sonne!", sagt er. „Probier es doch mal aus, dann weißt du, was ich meine!"

Also tust du es dem freundlich Kerlchen gleich, legst dich wieder ins weiche Moosbett und schließt die Augen ...

Du bist vollkommen ruhig und ganz entspannt ... Ganz ruhig und entspannt liegst du da ... Deine Arme und Beine fühlen sich ganz schwer an ... Angenehm schwer ... Ja, dein ganzer Körper liegt ganz schwer im weichen

Bett aus Moos ... Und dann merkst du die wärmenden Strahlen der Sonne auf deiner Haut ... Ganz warm fühlen sich die Sonnenstrahlen an ... Besonders warm sind deine Arme und Beine ... Rundherum warm und ganz geborgen fühlst du dich ... Während du daliegst, schaust du in die Baumkrone hinauf ... Ein sanfter Wind bewegt diese leicht hin und her ... Immer im selben ruhigen Rhythmus ... Genauso ruhig und regelmäßig fließt dein Atem ... Dein Atem geht vollkommen ruhig und regelmäßig ein und aus ... Ein und aus ... Ganz ruhig und gleichmäßig ...

Auch dein Herz schlägt in dir völlig ruhig und regelmäßig ... Lass es ruhig und regelmäßig weiter schlagen ...

Dann spürst du mit einem Mal die Sonne auf deinem Bauch ... Es fühlt sich an, als würden die Sonnenstrahlen deinen Bauch ganz sanft und sacht massieren ... Das tut vielleicht gut!

Immer mehr Wärme strömt durch deinen Bauch hindurch ... Und dabei hast du das Gefühl, dass die Wärme dir ganz viel neue Kraft schenkt ... Es

fühlt sich großartig an und nun weißt du auch, was der kleine Wichtel damit gemeint hat ... Du hast tatsächlich das Gefühl, die Sonne scheint mitten in deinem Bauch, hell und ganz warm ...

Nachdem du genug neue Kraft gesammelt hast, reckst und streckst du dich und setzt dich auf. Der kleine Wichtel scheint schon auf dich gewartet zu haben. Er sitzt am Rand des Pilzes und baumelt mit den Beinchen. „Und?“, möchte er wissen, „Hast du die Sonne im Bauch gespürt?“ Zustimmend nickst du zu ihm rüber.

„Ich komme jedes Jahr im Herbst hierher, kurz bevor ich für den Winterschlaf in meiner Höhle verschwinde. Denn hier kann man so herrlich viele Sonnenstrahlen sammeln, die halten mich im Winter ganz, ganz warm ...“

Dann faltet der kleine Wichtel seine Decke zusammen, packt sie in den Rucksack und hüpft mit einem Sprung von dem Pilz hinunter.

„Eine geruhsame Winterzeit wünsche ich dir!“, ruft der Wichtel und ehe du dich versiehst, zieht er fröhlich pfeifend seines Weges ...

Auch du machst dich auf den Heimweg und spürst bei jedem Schritt die Sonne tief in deinem Bauch ...

▶ **HINWEIS** Bitte vergessen Sie im Anschluss nicht, die Geschichte durch das Zurücknehmen zu beenden.

Vom kleinen Igel im Laub

Schließe nun deine Augen und spüre einen Moment in dich hinein, ob du dich rundherum wohlfühlst. Wenn dich nichts mehr stört, dann höre der Geschichte zu, die ich dir heute mitgebracht habe ...

Stell dir vor, du bist bei deinen Großeltern im Garten. Du liebst diesen Garten, weil er genau so ist, wie ein Garten sein muss. Es gibt viele Bäume und allerhand Büsche, hinter denen man herrlich Verstecken spielen kann. An einer großen Eiche hängt eine Schaukel, mit der man bis zu den Wolken schaukeln kann. Und auf einem kleinen Baum hat dein Opa ein tolles

Baumhaus gebaut, extra für seine Enkel zum Spielen. Du magst dieses Baumhaus, weil es so gemütlich ist.

Du nimmst den großen Rechen und hilfst dabei, das ganze heruntergefallene Laub zusammen zu kehren. Unter der Tanne am Rand des Gartens sammelt dein Großvater das Laub. Er sagt, dass viele Tiere sich darüber freuen und darunter gerne Unterschlupf suchen, da das Laub schön warm hält.

Also fegst du alle Blätter zu der Tanne. Der Berg aus bunten Herbstblättern leuchtet im Licht der Sonne, die heute besonders freundlich scheint – so, als wolle die Sonne zum Winteranfang nochmals allen das Herz erwärmen.

Das Zusammenfegen der vielen Blätter ist ganz schön anstrengend. Dir ist ganz warm und so langsam kommst du richtig aus der Puste. So lässt du dich erschöpft ins Gras fallen, um zu verschnaufen ...

Da raschelt es ganz leise und ein kleiner Igel schaut neugierig mit seinen kleinen Kulleraugen aus dem Blätterhaufen heraus, um nachzusehen, wer da solchen Lärm gemacht hat.

„Ach du machst hier solchen Krach!“, sagt der Igel und gähnt dir entgegen.

„Ich mache doch keinen Krach!“ erwiderst du. „Das Laub raschelt nur so, wenn man es zusammenkehrt.“

„Laub?“, fragt der kleine Igel sichtlich verschlafen. „Laub ist gut! Das hält schön warm.“

„Wohnst du unter dem Blätterhaufen?“, willst du von dem kleinen Igel wissen. „Ja natürlich, was denkst du denn!“, lacht der Igel. „Sonst würde ich im Winter glatt erfrieren!“

Und er erzählt dir von seiner Igelfrau und den zwei Igelkindern, die zum ersten Mal Winterschlaf halten und noch ganz klein sind. „Wir suchen uns für den Winterschlaf immer einen Haufen aus bunten Herbstblättern. Einen so schönen wie hier hatten wir bislang noch nie! Bevor wir den Winterschlaf beginnen, tanken wir noch einmal so viel Sonne, wie es im Herbst möglich ist. Denn die Sonne hält einen den Winter über warm und geborgen – selbst in Gedanken! Dann kuscheln wir uns ganz eng aneinander.

Das wärmt auch prima und die vielen Blätter über uns schützen uns nicht nur vor Regen, Schnee und anderen Tieren, sondern halten uns zudem ganz warm, wie eine Riesenbettdecke."

Aufmerksam hast du dem kleinen Igel zugehört. „Braucht ihr denn noch Blätter oder reicht euch der Blätterhaufen zum Winterschlaf?", möchtest du wissen. „Alles prima so!" versichert der kleine Igel und lächelt dir dankbar zu. „Nun geh ich wieder schlafen!", sagt er und ein leises Rascheln verrät, dass er bereits tief im Blätterhaufen verschwunden ist.

„Schlaf gut, kleiner Igel!" rufst du ihm hinterher und machst dich auf den Weg ins Baumhaus.

Dort kuschelst du dich in den Berg von bunten Kissen, die deine Großmutter aus vielen Stoffresten zusammengenäht hat. Das tut gut. Die warme Decke ziehst du dir bis zu den Schultern und kommst dir vor wie ein kleiner Igel im Blätterhaufen. Zumindest ist es hier ebenso warm und kuschelig ...

Ganz ruhig und entspannt liegst du da ... Im Garten ist es still und friedlich ... Du spürst die Schwere in deinen Armen und Beinen, denn das Laubharken war anstrengend ... Ganz schwer und entspannt liegen Arme und Beine auf den Kissen ... Schwer, ganz schwer liegt dein Körper da ... Und die Decke hält dich zudem warm und geborgen ... Du spürst die Wärme in deinen Armen und Beinen ... Merkst, wie wohltuend die Wärme durch deinen ganzen Körper hindurchströmt ... Ganz warm und geborgen ... Und du kannst dabei deinen Atem spüren ... Ganz ruhig und sanft fließt dein Atem in dir ein und aus ... Lass es einfach in dir atmen, ganz ruhig und gleichmäßig ...

Nach einiger Zeit fühlst du dich prima ausgeruht. Fröhlich kletterst du aus dem Baumhaus und freust dich auf den warmen Kakao mit Sahne, der schon in der Küche auf dich wartet ...

▶ **HINWEIS** Bitte vergessen Sie im Anschluss nicht, die Geschichte durch das Zurücknehmen zu beenden.

Stups, das kleine Eichhörnchen

Schließe nun erst einmal deine Augen ... Spüre, wie dein Körper da liegt und höre einen Moment in dich hinein, ob dich auch nichts mehr stört ...

Stell dir vor, es ist ein toller Tag. Die Hausaufgaben sind alle erledigt und es zieht dich an einem so schönen, sonnigen Nachmittag nach draußen an die frische Luft.

Vergnügt schlenderst du durch den Wald und freust dich über den strahlend blauen Himmel, der alles ganz hell und freundlich aussehen lässt.

Du genießt die Ruhe und Stille hier im Wald und kannst die Seele einmal so richtig baumeln lassen ...

Die Luft hier im Wald ist wunderbar. Der Geruch des Waldes lässt dich ganz tief entspannen ...

Am Wegesrand entdeckst du ein kleines, braunes Eichhörnchen mit einem buschigen Schwanz, wie es sich für ein solches Tier gehört.

Ganz eifrig und emsig ist das Eichhörnchen dabei etwas zu sammeln.

„Was tust du da?", fragst du das kleine Tier neugierig.

„Ich sammel Früchte für den Winter. Ich heiße übrigens Stups", antwortet dir das kleine Eichhörnchen. „Wenn du willst, kannst du mir dabei helfen. Dann geht es schneller!"

„Na klar, mach ich", sagst du und schaust dich um. Am Stamm des großen Ahornbaumes liegen allerhand Dinge, die das Eichhörnchen bereits zusammengetragen hat: Bucheckern, Eicheln, ein paar Tannenzapfen und vor allen Dingen Haselnüsse kannst du dort entdecken.

So machst du dich auf die Suche und hast nach einer Weile allerhand Köstlichkeiten gefunden, die das Eichhörnchen in seinem Wintervorrat gut gebrauchen kann.

„Das ist toll!", jubelt das kleine Eichhörnchen voller Bewunderung. „Zu zweit geht es viel schneller!", freut sich das Tier und sein buschiger Schwanz wackelt vor Freude hin und her.

„Jetzt muss ich die Sachen noch gut verstecken, damit sie mir niemand wegnimmt!", sagt das Eichhörnchen und springt ganz flink den dicken Baumstamm des Ahornbaumes hinauf.

„Ich habe ein gutes Versteck gefunden!", hörst du das Tier von der Baumkrone aus rufen und mit einigen geschickten Sprüngen ist das Eichhörnchen wieder neben dir gelandet.

Geschickt trägt das Eichhörnchen seine Schätze in die gefundene Vorratskammer. Und schließlich ist alles sicher versteckt.

„Puh. Das wäre geschafft!", sagt das Eichhörnchen und ist ganz außer Atem. „Komm, wir suchen uns einen Platz zum Ausruhen!"

Zusammen macht ihr es euch am Waldrand gemütlich. Du lehnst dich bequem an einen Baumstamm und das Eichhörnchen kuschelt sich auf deinen Schoß ...

Ganz ruhig und entspannt bist du nun ... Die Pause tut dir gut und hilft dir neue Kraft zu sammeln. Dabei spürst du eine angenehme Schwere in deinen Armen und Beinen ... Ganz schwer sind deine Armen und Beine von dem Spaziergang im Wald und der Vorratssuche für das Eichhörnchen ...

Die Sonne schenkt euch noch einige Sonnenstrahlen und es kommt dir vor, als sei sie heute noch einmal besonders warm, als Dankeschön für das tüchtige Sammeln ... Die Wärme strömt durch deine Armen und Beine hindurch ... Beide Arme und Beine sind warm ... Ganz warm ... Und in diesem Moment spürst du das Eichhörnchen auf deinem Schoß. Auch das kleine Tier scheint dir durch sein kuscheliges, weiches Fell Wärme zu schenken ... Wie gut das tut ... Die Wärme strömt durch deinen ganzen Körper ...

Dann nimmst du deinen Atem wahr ... Ganz ruhig und regelmäßig geht dein Atem in dir ein und aus ... Ein und aus ... Auch das kleine Eichhörnchen atmet nun vollkommen ruhig und regelmäßig und du siehst, wie sich dabei der kleine Bauch hebt und senkt ... Auch dein Atem fließt weiterhin vollkommen ruhig ...

Als ihr genug ausgeruht habt und euch wieder voller Kraft fühlt, machst du dich auf den Heimweg. Zuvor aber verabschiedest du dich von deinem neuen Freund, dem kleinen Eichhörnchen ...

▶ **HINWEIS** Bitte vergessen Sie im Anschluss nicht, die Geschichte durch das Zurücknehmen zu beenden.

Mein Freund, der Bär

Schließe nun einfach deine Augen und höre einen Moment lang in dich hinein. Liegst du ganz bequem? Brauchst du noch eine Decke?

Wenn dich nichts mehr stört und du dich wohlfühlst, dann höre der Geschichte zu ...

Stell dir vor, es ist ein sonniger Tag. Du bist warm angezogen und springst vergnügt durch den Wald. Hier kann man sich so herrlich austoben und das Beste daran ist, hier stört es keinen!

Du kletterst und balancierst über Baumstämme und versuchst dabei geschickt das Gleichgewicht zu halten. Das ist gar nicht so einfach!

„Toll!“, hörst du eine freundliche tiefe Stimme hinter einem Baum. Hinter dem Baumstamm schaut ein Bär dir freundlich entgegen. „Ich hoffe, ich habe dich nicht erschreckt“, fügt er sogleich hinzu.

Du schüttelst den Kopf und freust dich, mal einen richtigen Bären kennenzulernen.

„Probier's doch auch mal!“ munterst du den Bären auf, der sich noch nicht so recht zu trauen scheint. Vorsichtig setzt er eine Bärentatze auf den Baumstamm. Aber so recht mag es dem zotteligen Kerl nicht gelingen.

Vor lauter Lachen haltet ihr euch die Bäuche. Hauptsache, es macht Spaß!

Zusammen tollt ihr beide durch den Wald. An einer Lichtung entdeckst du einen Schmetterling, der über die Wiese fliegt.

„Den kriege ich“, brummt dein Freund der Bär und läuft dem flinken Flatterwesen hinterher. Auch du flitzt ausgelassen über die Wiese und freust dich über den schönen Tag.

Natürlich ist der Schmetterling viel zu schnell für den tapsigen Bären. Ihr schaut euch an und müsst wieder lachen.

„Jetzt zeig ich dir mal, was ich kann!“ brummt der Bär und klettert auf einen Baum ganz in der Nähe. Staunend beobachtest du sein Tun und bist begeistert, wie geschickt ein so großes Tier doch klettern kann.

Nach einer Weile kommt der Bär mit einem Stück Rinde zurück. Hm, wie gut das riecht. Und richtig, in der Kuhle der Baumrinde ist flüssiger Honig. Ganz frisch und wunderbar süß. Zusammen schleckst du mit dem Bären den ganzen Honig aus der Rinde. Einfach lecker!

Nun fühlst du dich ganz satt und zufrieden.

„Ich bin soo müde!“ stöhnt der Bär und reibt sich die Augen. „Langsam wird es Zeit für den Winterschlaf ...“

Du überlegst einen Moment und da fällt dir eine gemütliche Höhle ein, die recht versteckt am Rand eines kleinen Weihers liegt.

„Komm, ich zeig dir eine Höhle, in der du schlafen kannst!“, sagst du zu dem Bären.

Dein Freund, der Bär, nimmt dich auf seine starken Schultern und trägt dich. Dabei führst du den Bären sicher zu der Höhle ...

Es ist eine kleine, gemütliche Höhle, deren Eingang durch einen Strauch verdeckt ist, ideal für den Winterschlaf!

Im Innern der Höhle macht ihr zusammen aus weichem Moos und Blättern ein bequemes Bett. „Wunderbar!", freut sich der Bär und kuschelt sich voller Freude ins weiche Grün hinein. Du kuschelst dich noch etwas dazu ...

Ganz ruhig und entspannt bist du nun ... Hier ist es wunderbar still ... Dein Körper liegt schwer und ganz entspannt neben dem Bären ... Besonders schwer sind deine Arme und Beine vom vielen Spielen und Toben ... Schwer, ganz schwer liegst du da ... Du spürst die wunderbare Wärme, die von dem Bären ausgeht ... Als würde dich sein weiches, dickes Fell wie eine richtige Decke umhüllen und wärmen ... Beide Arme und Beine sind warm ... Strömende Wärme fließt durch deinen Körper hindurch ... Das tut gut und gibt dir neue Kraft ...

Da spürst du, wie sich der Bauch des Bären beim Atmen ganz ruhig und gleichmäßig hebt und senkt ... Auch dein Atem fließt vollkommen ruhig und regelmäßig ... Lass es einfach in dir atmen ... Ein und aus ... Ein und aus ... Ganz ruhig und regelmäßig ...

Als du schließlich genug neue Kraft getankt hast, stehst du leise auf. „Schlaf gut, Bär, und komm gut durch den Winter ...", flüsterst du dem Bären leise zu. Der schläft schon tief und fest ...

Dann machst du dich gut gelaunt auf den Heimweg ...

▶ **HINWEIS** Bitte vergessen Sie im Anschluss nicht, die Geschichte durch das Zurücknehmen zu beenden.

Viele bunte Blätter

Schließe nun einfach deine Augen ... Spüre einen Moment lang deinen Körper und höre in dich hinein, ob du dich wirklich rundherum wohlfühlst und dich nichts mehr ablenkt ...

Dann stell dir doch mal vor, du bist ein buntes Herbstblatt.

Und wie jedes Jahr im Herbst beginnt irgendwann deine Reise zur Erde. Heute ist es soweit. Es ist ein schöner Tag und die Sonne scheint. Dennoch weht ein ganz leichter Wind. Langsam wird der Wind immer kräftiger und kommt näher heran. Du spürst, wie der Wind durch die Baumkrone wandert, die Äste hoch oben in der Baumkrone schüttelt. Er lässt dich seinen Atem spüren und mit einem „Huii“ pustet dich der freche Wind vom Baum.

Du fliegst hoch in die Luft, dem blauen Himmel entgegen. Das Fliegen ist ungewohnt und kitzelt dich zuerst ein wenig im Bauch.

Dennoch macht es Riesenspaß, denn du siehst Dinge, die du zuvor noch nie gesehen hast. Von deinem Baum aus konnte man tagein, tagaus immer nur dasselbe sehen. So genießt du den Flug durch die Luft und bestaunst die Welt unter dir. Was es hier alles zu entdecken gibt ...

Der Wind pustet dich noch ein Stück höher hinauf. „Hey, was bist denn du für ein komisches Etwas?“, rufst du einem glänzenden Ding auf einem spitzen Hausdach zu.

„Ich bin kein Etwas, sondern der Wetterhahn auf der Kirchturmspitze!“ erwidert dieser und schaut empört zu dir hinüber.

„Sei nicht so vorlaut!“, brummt der Wind lachend und pustet dem Hahn ins Gefieder. Der schaut mit einem Mal ganz verdattert drein!

Vergnügt setzt du deine Blätterreise fort. Du fliegst über Gärten und Häuser ... Einen Spielplatz ... Und sogar über einen Schulhof ... Ein kleiner Junge hat dich entdeckt und versucht dich zu fangen. Lachend läuft er hinter dir her, aber du bist zu schnell, da der Wind dich weiter voran treibt ...

Schließlich erblickst du unter dir einen großen Wald. So viele Bäume auf einmal, staunst du erfreut. Und nun geht dem Wind langsam die Puste aus. Sein Blasen wird sachter und sachter ...

Langsam sinkst du zu Boden. Ganz sacht und behutsam, wie es sich für ein buntes Herbstblatt gehört ... Hm, wie weich der Boden hier ist. Unter dir sind auf dem Waldboden schon viele andere Blätter gelandet. Sie leuchten in den schönsten Farben und zusammen sehen sie einfach fantastisch aus.

Du suchst dir einen besonders schönen Platz zwischen den Blättern und machst es dir nach Herzenslust bequem ... Das tut vielleicht gut nach dem langen, aufregenden Flug ...

Ganz ruhig und völlig entspannt liegst du da ... Du spürst eine Schwere ist dir ... Angenehm fühlt sich das an ... Du kannst die Schwere in dir ganz deutlich fühlen ...

Die Sonne schickt einige ihrer Sonnenstrahlen zu dir herüber. Ihr goldenes Leuchten lässt die bunten Herbstblätter noch bunter und schöner aussehen. Besonders gut tut dir die Wärme der Sonne ... Alles in dir ist warm, strömend warm ... Du spürst, wie geborgen und warm dich die vielen Sonnenstrahlen halten ... Es ist, als würde mit einem Mal ganz viel neue Kraft in dir strömen ... Warm, rundherum warm fühlst du dich ...

Und dann denkst du an deinen Flug ... Die gleichmäßige Bewegung des Windes. Und so nimmst du auch deinen Atem wahr ... Ganz ruhig und regelmäßig geht dein Atem ein und aus ... Ein und aus ... Vollkommen ruhig und gleichmäßig spürst du deinen Atem ...

Und so beginnst du zu träumen und denkst dabei an einen Blätterflug und die Reise durch die Lüfte ...

▶ **HINWEIS** Bitte vergessen Sie im Anschluss nicht, die Geschichte durch das Zurücknehmen zu beenden.

Der Drachenflug

Schließe nun erstmal deine Augen und lausche einen Moment tief in dich hinein ... Liegst du ganz bequem und fühlst dich wohl?

Dann stell dir doch einmal vor, am Wochenende hast du einen großen Drachen gebastelt. Wunderschön ist er geworden und hat viele kunterbunte Schleifen an seinem langen Drachenschwanz. Nun ist er endlich fertig, der Klebstoff getrocknet und da kommt dir das tolle Wetter am heutigen Nachmittag gerade recht!

Du schlüpfst in deine dicke Jacke, schnappst dir den geringelten Schal und zum Schluss deinen Drachen. Dann aber nichts wie raus an die frische Luft!

Mit deinem selbst gebauten Drachen unter dem Arm schlenderst du zu dem Park hinterm Haus. Dort ist ein idealer Platz, um Drachen steigen zu lassen. Der Himmel ist heute wieder einmal strahlend blau und selbst die Sonne leuchtet golden.

Dann rollst du etwas von der Drachenschnur ab, nimmst den Drachen in die Hände und flitzt los. Der Wind hilft mit und pustet den bunten Drachen in Richtung Himmel.

Wie schön er aussieht. Und die Farben leuchten so herrlich im Licht der Sonne. Der Drachen glitzert und funkelt dir vom blauen Himmel entgegen und die Schleifen am Drachenschwanz flattern wie bunte Schmetterlinge kreuz und quer ...

Ein kleiner Vogel, der gerade durch die Luft segelt, scheint deinen Drachen zu begrüßen. So einen bunten, fröhlichen Gesellen hat er offensichtlich schon lange nicht mehr gesehen und er freut sich über die vergnügte Gesellschaft hoch oben in der Luft.

Du lässt den Drachen noch ein Stück höher steigen ... Läufst mit ihm an der Schnur den kleinen Hügel hinauf, den ihr immer als Schlittenhang benutzt, und lässt den Drachen am Himmel tanzen.

Nach einiger Zeit wird der Drachen müde und du rollst die Schnur nach und nach auf ... Dann landet der Drachen sanft auf der Wiese und du machst es dir auf der Bank bequem, die am Wegesrand steht.

Ganz ruhig und entspannt bist du nun ... Deine Arme und Beine fühlen sich schwer an ... Ganz schwer, als wärst du es gewesen, der am Himmel so ausgelassen geflogen und getanzt ist ...

Ja, dein ganzer Körper ist schwer ... Und dann nimmst du die Wärme in dir wahr ... Beide Arme und Beine sind warm ... Ganz warm ... Die wohltuende Wärme strömt durch deine Arme und Beine hindurch ... Hält alles wohlig warm und ganz geborgen ... Dann musst du an den Drachen denken, wie er vom leichten Wind bewegt, ganz sacht hin und her geschaukelt wurde ... Vollkommen ruhig und regelmäßig ... Genau wie dein Atem ... Auch der Atem geht ganz ruhig und regelmäßig ein und aus ... Lass den Atem einfach in dir fließen, völlig ruhig und regelmäßig ... Das tut gut und gibt dir neue Kraft ...

Dann träumst du von deinem Freund, dem bunten Drachen, und stellst dir vor, wie toll es ist so schwerelos durch die Lüfte zu fliegen ... Was man da alles sehen könnte! Dem dicken Wind würdest du übermütig an der runden Nase kitzeln und die Bäume zum Singen bringen, in dem du mit „Hui“ an ihren Baumkronen und Blättern vorbei fliegst ...

Schließlich geht der Nachmittag zu Ende. Du stehst auf, packst den Drachen zusammen und machst dich gut gelaunt und fröhlich auf den Heimweg ...

▶ **HINWEIS** Bitte vergessen Sie im Anschluss nicht, die Geschichte durch das Zurücknehmen zu beenden.

Winterlicher Hüttenzauber

Schließe deine Augen ...

Dann stell dir doch einfach mal vor, du machst einen Spaziergang durch den weißen Winterwald. Es ist ein richtig schöner Tag. Der Himmel ist strahlend blau, wie es sich für einen tollen Tag im Winter gehört und die Welt sieht aus wie mit Puderzucker bedeckt.

Vergnügt schlenderst du durch die weiße Pracht und genießt die Ruhe und Stille um dich herum. Einfach nichts tun müssen und die Seele baumeln lassen – prima!

Während du gemütlich durch die weiße Landschaft gehst, hörst du mit jedem Schritt ganz zart den Schnee unter deinen Füßen knirschen. Und hier und dort entdeckst du am Wegesrand Spuren im Schnee. Von wem die wohl sind? Von einem kleinen Häschen, das auf Futtersuche war? Oder von einem wuscheligen Eichhörnchen auf dem Weg zu seinem Vorratslager?

Als du an eine Lichtung kommst, glitzert der Schnee im Licht der winterlichen Sonne. Wie schön das aussieht!

Du ziehst dir deine warmen Handschuhe über und baust einen Schneemann – genau das Richtige für diesen Platz. So haben die Tiere im Wald ein wenig Gesellschaft. Und tatsächlich, als du die erste dicke Kugel für den Schneemannbauch rollst, schaut ein Reh neugierig hinter einer dicken Eiche hervor. Fröhlich winkst du ihm zu.

Der dicke Schneemannbauch ist fertig. Nun braucht der weiße Kerl aber noch einen Kopf. Die kleine Kugel ist schnell gerollt. Aber es fehlt noch ein freundliches Gesicht, damit der Schneemann komplett wird. Ein braunes Eichhörnchen kullert dir einen Tannenzapfen zu. Prima – das wird die Nase vom Schneemann. In deiner Manteltasche findest du noch Kastanien, die werden die freundlichen braunen Augen und zum Schluss drückst du ein paar Kieselsteine als lachenden Mund in die oberste Kugel.

Damit der Schneemann bei der Kälte nicht friert, steckst du ihm ein paar grüne Tannenzweige als Haare an. Ein richtig lustiger Schneemann ist es geworden. Und wie fröhlich er ausschaut. Sicher freut er sich über diesen Winter und darüber, dass soviel Schnee liegt.

Langsam ist es Zeit, wieder nach Hause zu gehen. Vergnügt und fröhlich machst du dich auf den Heimweg zu der Hütte, in der ihr die Winterferien verbringt.

Als du dort ankommst, wartet schon ein warmer Kakao mit Sahne auf dich und das Feuer im Kamin prasselt. Du machst es dir im Sessel in der Nähe des Kamins gemütlich und legst eine Decke über deine Beine.

Ganz ruhig und entspannt bist du nun ... Der Spaziergang hat Spaß gemacht und nun genießt du die Ruhe und Gemütlichkeit in der Hütte in vollen Zügen ... Du spürst eine wohltuende Schwere in dir ... Schwer, ganz schwer fühlst du dich ... Besonders deutlich spürst du die Schwere in deinen Armen und Beinen, die dich daran erinnert, dass das Schneemannbauen Kraft gekostet hat ...

Vom Kamin strömt dir angenehme Wärme entgegen. Auch die Decke wärmt dich ganz angenehm ... Du spürst, wie die Wärme durch deinen ganzen Körper strömt und fühlst dich dabei wohl und geborgen ... Der warme Kakao wärmt dich sogar von Innen, so dass du seine Wärme tief in deinem Bauch spüren kannst ... Wie gut das tut und wie gemütlich es hier in der kleinen Hütte ist ...

Du fühlst dich rundherum wohl und ganz entspannt ...

▶ **HINWEIS** Bitte vergessen Sie im Anschluss nicht, die Geschichte durch das Zurücknehmen zu beenden.

Die Schneeflockenreise zur Erde

Schließe nun einfach deine Augen und komm zur Ruhe ...

Höre einen Moment in dich hinein und spüre, ob du dich wohlfühlst und ganz bequem liegst ...

Dann stell dir vor, es ist Winter. Du bist eine kleine, wunderschöne Schneeflocke in weißem Kleid und wartest auf einer dicken weißen Wolke sehnsüchtig darauf, endlich zur Erde zu fliegen. Viele andere Schneeflocken sind um dich herum und sind wie du schon ganz gespannt auf den bevorstehenden Flug! Ein sanfter Wind schaukelt die Wolke mit den Schneeflocken hin und her. Ganz ruhig und bedächtig ...

Und dann ist es endlich soweit: Deine Reise beginnt! Vergnügt hüpfst du von deiner Wolke und machst dich mit den vielen anderen Schneeflocken auf den Weg zur Erde hinunter, wo die Menschen schon ganz ungeduldig auf dich warten ...

Vor lauter Freude kribbelt es ganz leicht in deinem Bauch. So lange hast du nun schon auf diesen Moment gewartet! Du reckst deine kleinen Ärmchen und Beinchen und drehst dich ganz vergnügt im Kreis. Dein weißes Schneeflockengewand schwebt dabei ganz elegant umher ...

Da kannst du in weiter Ferne die Dächer der Stadt erblicken. Aber bis dahin ist es noch ein weiter Weg. Eine ganz kleine Schneeflocke ist so aufgeregt, dass sie ununterbrochen umherwirbelt. Ein sanfter Wind bläst euch durchs schneeweiße Haar. Die Luft tut gut und macht den Kopf ganz frei und klar!

Schließlich entdeckst du am Stadtrand einen großen Hügel. Das fröhliche, vergnügte Lachen der Kinder kannst du bis hier oben hin hören. Sie freuen sich wie kleine Schneekönige darüber, dass der Winter endlich da ist und sie Schlitten fahren können. Lachend laufen die Kinder den Hügel hinauf. Den Schlitten ziehen sie hinter sich her und die bunten Zipfelmützen und Schals flattern umher ...

Das freut dich und lässt es dir ganz warm ums Herz werden. Wenn man sich so willkommen geheißen fühlt – einfach großartig!

Unter dir taucht ein kleiner Garten auf. Nicht groß, aber wunderschön und er sieht so einladend aus. Zwischen den Bäumen liegt das bunte Laub der abgefallenen Blätter und die verblühten Blumen, die schon ihren Winterschlaf begonnen haben, schlummern friedlich vor sich hin ...

Du suchst dir einen schönen Platz zum Landen und freust dich, so viele andere Schneeflocken um dich herum zu haben ...

Dann merkst du, wie ruhig und entspannt du bist ... Vollkommen ruhig und still ist es hier in dem Garten. Ein richtiges Winterparadies, wie du findest ... Du spürst wie deine Armen und Beine ganz schwer da liegen ... Ganz schwer sind deine Arme und Beine von der langen, abenteuerlichen Reise zur Erde ... Die Schwere tut gut und lässt dich noch tiefer entspannen ... Dein weißes Schneeflockengewand hält dich warm, ganz warm ... Ebenso wie die vielen anderen Schneeflocken, die dicht beieinander liegen und sich dabei ganz warm halten ... Die Wärme tut dir gut ... Du genießt es zu spüren, wie die Wärme durch deine Arme und Beine hindurch strömt ... Wunderbar warm fühlt sich das an ... Und der Wind, dessen Hauch nur noch ganz schwach zu spüren ist, scheint dich in den Schlaf zu wiegen ... Ganz sanft wirst du hin und her gewiegt ... Ruhig und regelmäßig – ebenso wie dein Atem ... Ganz ruhig und regelmäßig fließt dein Atem in dir ein und aus ... Ein und wieder aus ... Immer im selben ganz ruhigen Rhythmus ... Wunderschön ...

Und so liegst du da und träumst den Traum von diesem Winter. Schlaf gut, kleine Schneeflocke, und träum was Schönes ...

▶ **HINWEIS** Bitte vergessen Sie im Anschluss nicht, die Geschichte durch das Zurücknehmen zu beenden.

Der liebe Herr Winter

Schließe nun erstmal deine Augen. Höre einen Moment lang in dich hinein, ob du dich rundherum wohlfühlst und dich nichts mehr ablenkt ...

Dann höre der Geschichte zu, die ich dir heute mitgebracht habe ...

Stell dir vor, du wohnst hoch oben. Ganz weit oben, da wo der Himmel endet und das Winterland beginnt.

Du bist der liebe Herr Winter, mit silbergrauem Haar und langem, weißen Bart. Dein Mantel und die Stiefel sind wunderbar warm und ganz dick mit Fell gefüttert. Denn schließlich ist es im Winterland das ganze Jahr über Winter.

Und wie jedes Jahr zur Weihnachtszeit wünscht du dir nichts mehr, als einmal hinunter zur Erde zu reisen und zu schauen, warum gerade jetzt immer so viele Lichter von der Erde aus zu dir hinauffunkeln und es so wunderbar riecht.

Dein Freund, der Weihnachtsmann, scheint deinen Wunsch in diesem Jahr erhört zu haben.

Mit seinem großen Schlitten kommt er angefahren, die Rentiere vorneweg. Die vielen kleinen Glöckchen am Schlitten kündigen schon von weitem sein Kommen an.

„Steig ein, alter Freund!", begrüßt dich der Weihnachtsmann, der seinen Schlitten auch in diesem Jahr wieder mit vielen bunten Päckchen beladen hat. Die Geschenke, Schachteln, Schleifen und Säcklein glitzern und glänzen im Licht der Sterne besonders schön.

Du lässt dich nicht zweimal bitten und kletterst zum Weihnachtsmann auf den Schlitten. Eine warme Decke hält euch auf der Fahrt durchs Winterland ganz warm und geborgen.

Dann kehrt ihr im Himmel ein, folgt der Milchstraße und kommt auch am guten, alten Mond vorbei. „Guten Abend!" ruft euch der Mond freundlich entgegen. „Ist es schon wieder so weit?"

„Joho!“ nickt der Weihnachtsmann und hält den Schlitten an. „Auch für dich ist was dabei“, sagt der Weihnachtsmann und reicht dem guten alten Mond ein kleines Päckchen. „Darf ich es schon aufmachen?“, fragt der Mond voller Neugier und man merkt ihm an, dass er es kaum erwarten kann. „Ausnahmsweise“, lacht der Weihnachtsmann und steigt wieder auf den Schlitten.

In dem Päckchen für den Mond ist ein langer, geringelter Schal, den er sich gleich um den Hals bindet. „Wunderbar“, singt der Mond. „So komme ich diesmal ganz bestimmt ohne Erkältung durch den Winter.“

Und weiter geht die Fahrt durch die winterliche Nacht ... Wie aufregend das ist. Du bist ganz begeistert. Denn die Welt ist hier ganz anders als bei dir oben im Winterland. Vor allen Dingen viel bunter, selbst im Dunkel der Nacht ...

Dann erreicht ihr den Rand der Stadt. Der Weihnachtsmann lenkt den Schlitten geschickt an allen Häusern vorbei und lässt die bunten Päckchen durch die Kamine in die Häuser gleiten. Ganz sorgsam, kein Haus wird dabei vergessen.

Bei der Fahrt durch die winterliche Stadt bestaunst du die geschmückten Häuser. Fast überall glitzern kleine Lichter in den Fenstern, selbst gebastelte Sterne funkeln dir entgegen, einige Fensterbänke sind mit Tannengrün geschmückt und durch ein hell erleuchtetes Fenster entdeckst du sogar einen festlich geschmückten Tannenbaum. Du bist wie verzaubert ...

Auf dem Rathausplatz in der Stadtmitte ist ein kleiner Weihnachtsmarkt, auf dem noch munteres Treiben herrscht. Wie gut es hier duftet, nach gebrannten Mandeln, Kräuterbonbons und warmen Maronen, hmm ... Es gibt ein buntes Kinderkarussell, das sich zu Weihnachtsliedern im Kreis dreht und mitten auf dem Platz steht ein riesengroßer Tannenbaum, der mit zahlreichen Lichtern geschmückt ist, die wie tausend Sterne funkeln ...

Dann wird es höchste Zeit für die Heimreise. Der Weihnachtsmann lenkt den Schlitten an den Stadtrand, schnalzt mit der Zunge und die Rentiere traben an und ziehen den Schlitten fast lautlos in Richtung Winterland zurück.

Dabei spürst du ein Gefühl von großer Zufriedenheit in dir ... Völlig ruhig und entspannt bist du nun ... Die klare Nacht und der Sternenhimmel um dich herum sind ruhig und still ... Deine Arme und Beine sind schwer, ganz schwer ... Du kannst die Schwere in deinem ganzen Körper spüren ... Die Decke auf dem Schlitten und dein Mantel halten dich während der Fahrt ganz warm und geborgen ... Besonders deutlich nimmst du die wohltuende Wärme in deinen Armen und Beinen wahr ... Strömende Wärme durchflutet deinen Körper ... Und der Abendwind schaukelt den Schlitten ganz sanft und zart ... Ganz gleichmäßig schaukelt er hin und her, ruhig und gleichmäßig ... Ebenso ruhig und regelmäßig geht dein Atem ... Dein Atem geht ein und aus, völlig ruhig und immer im selben Rhythmus ... Lass es einfach in dir atmen ... Die ruhige, gleichmäßige Bewegung lässt dich immer tiefer entspannen ...

Zu Hause im Winterland angekommen, wartet schon dein Bett auf dich. Du verabschiedest dich von deinem Freund, dem Weihnachtsmann, und dankst ihm ganz herzlich für die gelungene Überraschung. Die Reise auf die Erde hat dir große Freude bereitet. Glücklich und zufrieden kuschelst du dich in dein Bett und träumst einen bunten Lichtertraum ...

▶ **HINWEIS** Bitte vergessen Sie im Anschluss nicht, die Geschichte durch das Zurücknehmen zu beenden.

Weiterführende Ideen – Entspannung und mehr

Winterliche Aktionen

In der Winterzeit ist man gerne für andere da. Man denkt oft an Freunde und Bekannte, macht sich Gedanken darüber, wie man jemandem eine Freude machen kann.

Durch die Jahreszeit und das damit verbundene Wetter sind viele jedoch nicht ganz so mobil. Nicht jeder fährt bei Eis und Schnee gerne mit dem Auto. So muss man oft auf öffentliche Verkehrsmittel ausweichen oder zu Fuß gehen.

So beschäftigen sich die Ideen in diesem Kapitel damit, wie man die Winterzeit zu einer wirklich harmonischen Zeit machen kann, in der das Miteinander nicht zu kurz kommt.

Wintersterne und leckere Ketten

Im Winter haben es viele Tiere schwer. Das liegt nicht immer nur am vielen Schnee, sondern daran, dass sie im Winter einfach kaum Nahrung finden. Die Bäume sind kahl, nichts blüht und somit ist das Angebot an nahrhaften Dingen sehr mager.

Wie wäre es mit selbst gemachter Winterdekoration für Vögel? Einfach mit einer Stopfnadel einige Erdnüsse mit Schale auffädeln und damit einen Tannenbaum im Garten oder Wald dekorieren.

Etwas aufwendiger sind essbare Wintersterne. Dazu schmilzt man etwas Kokosfett und rührt Vogelfutter, das man fertig als Mischung kaufen kann, oder Sonnenblumenkerne hinein. Dann gießt man die Körner-Fett-Mischung in größere Plätzchenausstecher und lässt diese erkalten. Nun zieht man mit einer angewärmten Nadel etwas Drachenschnur hindurch und kann so im Park oder der näheren Umgebung einen Baum „schmücken".

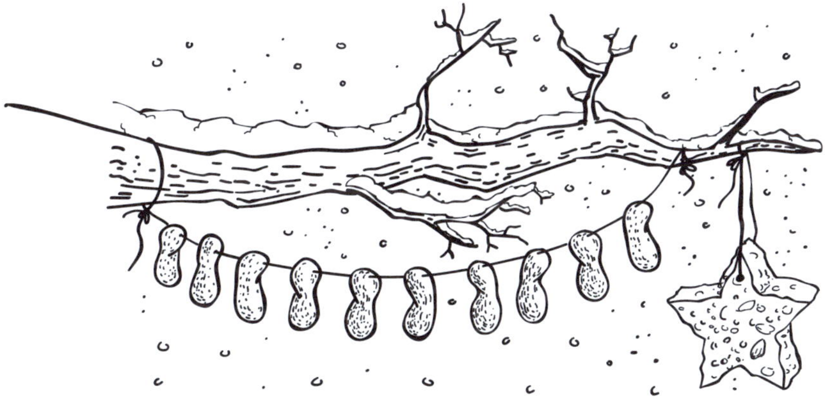

Wenn man ein Eichhörnchen im Garten hat, das dort „überwintert“, kann man auf die Fensterbank ein paar Nüsse legen, die es sich holt, wenn es vom Hunger geweckt wird.

Leuchtende Kinderaugen

Welches Kind freut sich an Weihnachten nicht darüber, Geschenke auszupacken? Dennoch gibt es Kinder, die nicht so reichlich oder überhaupt nicht beschenkt werden. In Kinderheimen beispielsweise fallen Geschenke oftmals knapp aus.

Wie wäre es also im November oder Dezember mit einem Hausputz? Jedes Kind kann bei sich zu Hause nach intaktem Spielzeug schauen, das nicht mehr gebraucht wird. Alles Spielzeug, was sich beim Hausputz oder der Aufräumaktion findet, wird in einen großen Karton gepackt und in ein nahegelegenes Kinderheim gebracht. Leuchtende Kinderaugen werden es danken – und auch für die Kinder, die etwas hergeben, ist das ein großes Erlebnis.

Solche „guten Taten“ sind im größeren Rahmen auch gut durchzuführen, wenn man im Kindergarten, in der Grundschule oder der Spielgruppe einen Basar für den guten Zweck organisiert.

Plätzchen fürs Seniorenheim

Viele Menschen backen gerne. Gerade Kinder sind dafür oft regelrecht Feuer und Flamme. Warum nicht mal ein zusätzliches Blech Weihnachtsplätzchen backen und an die Bewohner eines nahegelegenen Seniorenheims verschenken?

Während meiner Tätigkeit im Kindergarten haben wir dies einmal im etwas größeren Rahmen getan und dies war ein voller Erfolg. Gerade die Bewohner eines Seniorenheims kommen oftmals nicht in die Stadt, um die Stimmung dort zu genießen, den Lichterglanz bei Dunkelheit zu bestaunen. So haben wir am Vormittag Plätzchen gebacken und diese dann in das Seniorenheim gebracht, verbunden mit einem kleinen Besuch, bei dem die

Kinder die gelernten Weihnachtslieder zum Besten bringen durften. Die Bewohner haben sich gefreut und auf diesem Weg haben wir dazu beigetragen, Alt und Jung wieder ein Stückchen näher zu bringen.

Kleines Konzert für einen guten Zweck

In der Weihnachtszeit sind viele Leute recht spendabel – wenn es für einen guten Zweck ist, dann noch mehr. Besonders Kindern, die musizieren, hört man gerne zu. Vielleicht bietet sich ja die Möglichkeit, in einer kleinen Gruppe in der Stadt gemeinsam Weihnachtslieder zu singen und die gesammelte Geldsumme an ein Kinderhaus oder Kinderheim zu spenden, damit auch dort gefeiert werden kann. Besonders freuen sich die Leute über ein kleines „Konzert“, wenn Kinder gemeinsam musizieren, etwa Flöte oder Geige spielen.

Gemeinsame Unternehmungen

In der Vorweihnachtszeit wünscht sich jeder Harmonie und besinnliche Augenblicke, um die Wochen bis zum Weihnachtsabend wirklich genießen zu können. Oftmals kommt aber gerade dies dann zu kurz. Es fehlt an Zeit, man ist gestresst und weiß oft nicht, wie man die vielen Aufgaben bis zum Heiligen Abend überhaupt erledigen soll. Um dem abzuhelfen, finden Sie im Kapitel „Geschenkideen zu Weihnachten“ allerhand Tipps.

Ich möchte Ihnen an dieser Stelle aber noch einige Ideen an die Hand geben, die die Vorweihnachtszeit zu einer harmonischen Zeit mit der Familie werden lassen, mit Momenten, die sicher lange in Erinnerung bleiben.

Kleine Höhlenforscher

Sicher gibt es auch in Ihrer Nähe eine Tropfsteinhöhle, die man besichtigen kann. Mittlerweile bieten zahlreiche dieser Höhlen auch gesonderte Programme und Sonderführungen an: Höhlenkonzerte, nicht nur zur Weihnachtszeit, Laternensingen in der Höhle, Krippenspiel oder dergleichen. Diese Sonderführungen sind ein Erlebnis und lassen vor allen Dingen die Hektik, die man zur Weihnachtszeit in den Innenstädten deutlich spürt, hinter sich – ganz weit ab vom Alltag.

Gemeinsam Backen, das macht Spaß

In der Weihnachtszeit steht bei fast allen das Plätzchenbacken auf dem Plan. Warum nicht mal in der Kita gemeinsam backen? Gemeinsam macht es viel mehr Spaß und geht vor allen Dingen viel schneller, wenn viele fleißige Hände helfen.

Sicherlich finden sich im Backbuch Rezepte, bei denen auch die Jüngsten schon tatkräftig mithelfen können, z.B. beim Backen von Berliner Brot, dessen Teig man einfach nur auf dem Backblech verteilen muss, Makronen, Schwarz-weiß Gebäck, das man nur in Scheiben schneiden muss oder Plätzchen zum Ausstechen. Mit ein wenig Hilfe können das schon die Kleinsten.

Ausflug ins Spielzeug- oder Kindermuseum

Museumsbesuche und Ausstellungen sind für Kinder meist recht langweilig. Aber wie wäre es mit einem Besuch im Kinder- oder Spielzeugmuseum? Auch dort werden oftmals tolle Aktionen oder gar Rallyes angeboten, bei denen auch die Kinder auf ihre Kosten kommen. Und dort kann man sicher hier und da auch Ideen für weitere Unternehmungen oder Basteleien holen. Vielleicht gibt es ja auch Kreativnachmittage oder besondere Aktionen, etwa für Kindergartengruppen.

Vorlesestunde in der Vorweihnachtszeit

Was ist gemütlicher, als sich in die Leseecke zu kuscheln und einer Geschichte zu lauschen? Nicht nur zur Winterzeit, aber gerade dann ist es doppelt gemütlich: Bei Kerzenschein Nüsse knacken, leckere Weihnachtsplätzchen naschen, einer winterlichen Geschichte lauschen.

Das können die Erzieherinnen gerade in der Vorweihnachtszeit immer auf das Programm setzen. Und dann sind oft die zappeligsten Unruhegeister mit einem Mal die aufmerksamsten Zuhörer.

Bei den Kleinsten sind Bilderbücher sehr beliebt. Das müssen nicht zwingend Weihnachtsgeschichten sein, aber die sind natürlich gerade zu dieser Zeit ganz begehrt. Am besten ist es, wenn sämtliche Weihnachtsbücher immer im Regal griffbereit stehen, so dass man darauf, ohne lange zu suchen, zurückgreifen kann. Bei Kindergartenkindern kann man prima sogenannte Adventskalenderbücher lesen, deren Geschichte an jedem Tag bis Heilig Abend weitergelesen wird. Bei etwas größeren Kindern sind auch dickere Bücher geeignet, die zur Winter- und Weihnachtszeit passen. Hier kann man dann Tag für Tag ein Kapitel lesen.

Mein schönstes Weihnachten oder wie war es damals?

Weihnachten feiert jede Familie anders. Wie wäre es denn mit einem gemütlichen Weihnachtsnachmittag in der Kita? Jedes Kind kann berichten, wie bei ihm daheim gefeiert wird. Man könnte einige Großelternpaare oder ältere Leute einladen, die von früher erzählen. Zusammen kann man bei Kerzenlicht und Plätzchen über Weihnachten nachdenken, ins Schwärmen kommen, darüber nachdenken, was bislang das schönste Erlebnis oder Geschenk an Weihnachten war. Das stimmt prima ein und die Kinder erfahren etwas über vergangene Zeiten.

Musik im Advent

Musik spielt gerade zur Weihnachtszeit eine große Rolle. Es macht Spaß gemeinsam zu singen und zu musizieren. Das ist auch eine tolle Idee für einen gemütlichen Musiknachmittag in der Kita. Auch hier wäre es eine gute Idee, Großeltern oder ältere Nachbarn einzuladen. Diese können oftmals sämtliche Texte der bekannten Weihnachtslieder und Gedichte noch auswendig. Und um das Ganze zu bereichern, könnten die Kinder neue Weihnachtsgedichte aufsagen. Spannend, was da so zusammenkommt!

Geschenkideen zu Weihnachten

Jedes Jahr vor Weihnachten steht man vor derselben Frage: Was schenke ich wem? Damit verbunden sind oft Spießrutenläufe durch überfüllte Innenstädte, viel Zeit und viel Geld. Um Ihnen die Antwort auf diese Frage etwas zu erleichtern, finden Sie hier in diesem Kapitel allerhand Ideen und Tipps rund ums Verschenken, die ganz einfach umzusetzen sind und bei denen vor allen Dingen die Kinder tatkräftig mithelfen können. Und das macht schließlich am meisten Spaß, da man einerseits die Weihnachtszeit auf diese Weise wirklich genießen kann und zum anderen die Kinder auch großen Spaß daran haben, anderen eine Freude zu machen.

Ein kleines Wintermärchen

Zutaten

Einen Plätzchenteig, der sich gut kneten oder ausstechen lässt oder einen Quark-Öl- bzw. Hefeteig sowie Dinge zum Belegen (Nüsse, Mandeln, Rosinen, Sonnenblumenkerne, Sesam etc.)

So geht's

Verschenken Sie doch ein „Wintermärchen" in Form eines selbst gestalteten, gebackenen Bildes, das sich sogar aufessen lässt! Kinder lieben es zu backen und kreativ ans Werk zu gehen. Was liegt da also näher, als aus Plätzchenteig ein Bild zu backen? Als kleine Hilfe könnten Sie aus dem Plätzchenteig ein kleines Quadrat ausschneiden, das die Kinder dann nach Herzenslust mit essbaren Zutaten verzieren können. Die Kleinsten können darauf einfach Muster legen. Die größeren Weihnachtsbäcker können richtige Motive darauf legen oder mit dem restlichen Plätzchenteig formen.

Wer es bunt mag, kann die „Bilder" nach dem Backen auch mit buntem Zuckerguss bemalen oder einen kleinen Weihnachtsgruß hineinschreiben. Dies geht auch mit erwärmter Kuvertüre und einem sauberen, ganz dünnen Pinsel. So ein tolles Weihnachtsbild hat garantiert nicht jeder!

Kinderleichte Gutscheine

Material

Papier und Stifte

So geht's

Schenken geht ganz einfach. Und vor allen Dingen – ohne große Kosten. Verschenken Sie an Weihnachten doch einfach mal Gutscheine. Dies ist vor allen Dingen bei den Kindern immer ein beliebtes Geschenk, da das Taschengeld knapp ist und der Beschenkte sich in der Regel über solche Sachen mehr freut. Selbst bei Kindern bleiben solche Gutschein-Geschenke länger in Erinnerung.

Wie wäre es in diesem Jahr mal damit, eine wohltuende Massage zu verschenken? Ein Gutschein für einmal Staubsaugen, Müll rausbringen, Spülmaschine ausräumen, Zimmer aufräumen freut alle Eltern. Dabei sind dies alles Dinge, die die Kinder sich ausdenken und verschenken können.

Einfach den entsprechenden Gutscheintext auf ein Blatt Papier schreiben und mit bunten Stiften verzieren. Wer mag, kann sein Blatt einrollen und feierlich eine große Schleife darum binden – fertig!

Marmelade kochen/Plätzchen backen

Zutaten

1 kg Früchte (geht auch mit tiefgefrorenem Obst); 1 kg Gelierzucker; leere, saubere Marmeladengläser

Oder:

Plätzchenteig

So geht's

Selbst gemacht schmeckt's doppelt lecker! Vor allen Dingen weil man dabei die Zutaten und Gewürze selbst bestimmen kann.

Marmelade selbst zu machen ist keine Kunst. Das können Kinder im Schulalter fast ganz allein. Und wenn man im Winter dann tiefgefrorenes Obst kauft, ist es erst recht kinderleicht. Wie wäre es mit selbst gemachtem Erdbeergelee als Weihnachtsgeschenk? Einfach ein Kilo Erdbeeren auftauen oder gleich im Kochtopf erhitzen, mit dem Pürierstab durchmixen, den Gelierzucker hinzugeben und nach Anleitung ein paar Minuten aufkochen. In die Gläser füllen – fertig! Und weil Weihnachten vor der Tür steht und das Auge mitisst, kann man in jedes Glas noch eine Zimtstange oder/und einen Sternanis mit hineingeben. Das sieht nicht nur hübsch aus, sondern schmeckt richtig weihnachtlich. Natürlich kann man auch eine Vanillestange mit aufkochen oder andere Gewürze, die zur entsprechenden Frucht passen.

Auch über selbst gebackene Plätzchen freut sich jeder. Die Eltern spendieren eine nette Plätzchendose und die Kinder sorgen für das Weihnachtsgebäck. Die Oma und jeder andere auch wird sich riesig darüber freuen.

Ein selbst gemachter Kalender

Material

Blanko-Kalender zum Selbstgestalten, Stifte, Fotos etc.

So geht's

Kalender braucht man immer. Und wenn diese selbst gemacht sind, kommen sie besonders gut an. Gerade in der Verwandtschaft sind solche Kalender immer ein Hit. Man kann die Blätter mit Fotos der Kinder bekleben oder die Kinder selbst entscheiden lassen, wie die jeweiligen Seiten gestaltet werden sollen. Je nachdem wie groß die Kinder sind, kann man den Kalender auch aufteilen, so dass jeder seine Ideen auf den Monaten unterbringen kann: Mal ein Foto, mal eine selbst geschriebene Geschichte, ein erfundenes Gedicht oder ein selbst gemaltes Bild aus dem Kindergarten, eine Collage oder Rezeptidee zum Ausprobieren.

Ebenso gut kann man den Kalender auch jeden Monat mit entsprechenden Gutscheinen bestücken. So hat der Beschenkte immer etwas, auf das er sich im kommenden Monat freuen kann. Im Januar lädt man zu einem winterlichen Waldspaziergang ein, im Februar fährt man gemeinsam auf einen Karnevalszug, im März bläst man gemeinsam Eier aus und bemalt sie dann für den Osterstrauch etc. Ob man die jeweiligen „Gutscheine“ in Rätselform verfasst oder einfach nur bunt und lustig gestaltet, bleibt jedem selbst überlassen.

In jedem Fall ist ein solcher Kalender etwas ganz Besonderes. Schließlich bekommt man auf diese Weise jeden Monat ein kleines „Geschenk“ und zwar in Form von gemeinsamer Zeit und Unternehmung.

Kräuteröle – ganz kinderleicht

Zutaten

Saubere, leere Flaschen mit Deckel, Öl, Kräuter

So geht's

Selbst gemachte Kräuteröle lassen sich zum einen hervorragend vorbereiten. Sie schmecken noch besser, wenn sie eine Zeit lang durchgezogen sind. Zum anderen ist die Zubereitung kinderleicht, so dass auch die jüngsten „Köche“ ans Werk gehen können. Wichtig hierbei ist nur, dass die Flaschen sauber und gänzlich trocken sind und man diese gut und luftdicht verschließen kann.

Die Flaschen füllt man mit einem guten Öl und dann kann man abgezogene Knoblauchzehen, Pfefferkörner, Chilischoten, einen Zweig Thymian, Rosmarin, Basilikum etc. dazugeben. Hier kann nach Belieben gemischt werden. Alle Gewürze oder Kräuter, die schmecken, sind erlaubt.

Das Öl sollte 1–2 Wochen durchziehen, damit es auch richtig Geschmack annimmt. Mit einer tollen Schleife versehen oder in einer netten Karaffe abgefüllt ist dies auch ein tolles, selbst gemachtes Weihnachtsgeschenk!

So macht Verpacken Spaß!

Material

Eine Rolle naturfarbenes Packpapier, Stifte (Ölkreide, Wachsmalstifte o. ä.)., dünner Basteldraht, buntes Krepppapier o. ä.

So geht's

Verpacken macht Spaß, aber nicht immer ist es umweltfreundlich. Zudem sind schöne Geschenkpapierbögen oftmals sehr teuer. Warum nicht mal Geschenkpapier selbst machen? Dazu braucht man nur naturfarbenes Packpapier, das in der Regel aus Altpapier hergestellt wird. Das kann man nach Herzenslust gestalten. Beispielsweise lässt sich das Papier mit Ölkreide toll bemalen und die Farben leuchten auch auf dem Braun sehr gut. Ebenso kann man schon in Packpapier eingeschlagene Geschenke kinderleicht verzieren:

- mit bunt bemalten Händen (Wasser- oder Fingerfarbe) einen Handabdruck hinterlassen,
- das verpackte Geschenk mit buntem, gepressten Herbstlaub bekleben,
- ein schönes Gedicht mit silbernem Stift darauf schreiben oder etwas malen,
- das Geschenk mit dünnem Draht umwickeln und dann aus kleineren Krepppapierstücken Schleifen hineindrehen.

So wird jedes Geschenk zu einem kleinen Kunstwerk und Spaß macht's auch!

Seminare mit der Autorin

Haben Sie Interesse an Entspannungskursen, Fortbildungsseminaren oder der berufsbegleitenden Ausbildung zum Entspannungspädagogen für Kinder? Die Praxis für Entspannungspädagogik & Kreativität bietet seit über 10 Jahren qualifizierte Veranstaltungen rund um das Thema Entspannung mit Kindern an.

Bei Anfragen und Anregungen können Sie sich an folgende Anschrift werden. Bitte legen Sie Ihrem Schreiben einen ausreichend frankierten Rückumschlag in DIN A5 bei:

Praxis für Entspannungspädagogik
z. H. Sabine Seyffert
Postfach 110523
42305 Wuppertal

Weitere Informationen erhalten Sie auch unter www.sabine-seyffert.de